JN440242

초판 1쇄 인쇄일 2013년 12월 10일
초판 1쇄 발행일 2013년 12월 20일

지은이 | 공란식
펴낸이 | 양옥매
기　획 | 고일영(애플북스)
편　집 | 임해미

펴 낸 곳 | 도서출판 책과나무
출판등록 | 제2012-000376
주　　소 | 서울특별시 마포구 월드컵북로 44길 37 천지빌딩 3층
대표전화 | 02.372.1537　팩스 02.372.1538
이 메 일 | booknamu2007@naver.com
홈페이지 | www.booknamu.com
ISBN 978-89-98528-84-3(03800)

정가 15,000won

이 도서의 국립중앙도서관 출판시도서목록(CIP)은 서지정보유통지원
시스템 홈페이지(http://seoji.nl.go.kr)와 국가자료공동목록시스템 (http://www.nl.go.kr/kolisnet)에서
이용하실 수 있습니다.
(CIP제어번호 : CIP2013027681)

Short stories
and long aftertaste

짧은 이야기
긴 여운

자연을 사랑하는
수필가 엄마와
조각가 아들의
예술이야기

• 책을 내면서

디지털 속에 꿈꾸다

아날로그 세대를 벗어난 시간이 그리 길지 않다.

글을 쓰면서도 책상에 앉아 쓰지 못했다. 척추 이상으로 원고지를 방바닥에 놓고 엎드려 글을 마감하면서 수필집 3권을 발간했다.

어느 날 막내아들이 컴퓨터를 무작정 들고 와 문서 작성법과 키보드 자판 두들기는 순서까지 서너 시간을 가르쳐 주었다.

하지만 머릿속에 입력된 습관이 좀처럼 바뀌지 못하고 막내의 원격 조정 하에 어찌어찌 배워서 인터넷 세상도 구경하고 있다.

또 이렇게 스마트폰으로 공유하는 공간도 확보하는 행운까지도 함께….

아직도 서툴긴 하지만 그리운 사람, 궁금한 사람에게 문자도 보내며 빠르게 안부를 전한다.

목차

1. 너무 사랑스러워

2. 굽이쳐 흐르는 강물처럼

3. 사노라면

4. 쌍무지개 떴어요

5. 조각가 임재석

1. 너무 사랑스러워

Photo by 공란식

너무 사랑스러워

또르르

꽃잎을 타고 노니는 빗방울
겨우내 숨바꼭질하던 바람이
봄비를 데려다 놓았어요.
봄비는 좋은가 봐요.
담장 너머 노란색 보여 주면서
방울방울 톡톡
장단치고 있어요.
햇살도 숨기고 혼자 노는 빗방울
덩달아 손끝의 카메라

톡톡
너무 사랑스러워.

잔치

추위가 물러서기 무섭게 꽃대를 드러내 보인다.
급하게 돌아가는 시간 눈치챈 걸까?
삼사월 느긋하게 보내고 맺어도 되련만
양지바른 터가 그리 좋은지, 벌써
노랗게 물들어 잔치를 벌이고 있다.

국화꽃이 피었습니다

햇볕이 좋아 울타리 곁을 서성이는데
비 그친 후 쌓였던 눈 녹은 자리에
지난가을 단추 풀듯
작은 국화꽃 따 놓았던 생각이 났다.
에구, 이 녀석들!
한겨울 버텨내고 다시 겨울이 다가오니 꽃을 피웠다.
미처 손이 가지 않은 외진 곳
벌거숭이로 지난 겨울 모진 추위를
어찌 이겨냈을까?

신통하다.
미안하다.

한 수 배웠다, 질긴 생명력.

가을에 핀 철 쭉

봄을 마다하고
낯선 가을에 핀 철쭉
변신을 하고 싶어서일까?
아님 4차원 시간을 거슬러
먼 곳으로 가고 싶은 것일까?
찬바람 부는 봄으로 착각했구나
에구, 점점 낮아질 온도 어찌 견디려고.
그래도 아무렇지 않다는 듯
웃는 그 모습조차 안쓰럽다.

제주도 초겨울의 동백은

동백 함초롬히 피었다
몇 해 전
겨울이 끝나기가 무섭게 핀
고창 선운사 동백 군락도 보았지만
제주도 초겨울 동백
남다르게 보인다.

겨울은

시간이 흐르던 물줄기엔
고요가 잠잠하다.

수채화 빛 바랜 물감처럼
겨울은 고즈넉하다.

가끔 안개비처럼
적막을 흔드는 저수지 물안개
겨울은 살아 있다.

Photo by

콩의 변신

난 메주다
통상적으로 못생긴 사람에게
던지는 말
그렇지만 이렇게 반듯하고 정갈하게 다듬어진 내 모습
성형하지 않았지만
이만하면 봐 줄 만하지 않습니까?
앞으로 못생긴 것에 나를
비유하지 마시길
여러분의 건강까지 챙기는
된장, 간장, 고추장이 바로 납니다.

Photo by 공란식

물안개

물안개 사방으로 날갯짓하다 태양을 보더니
수줍어 수면 속으로 숨는다.

그 자태에 반했는지 고목이
제 몸 비틀어 물안개를 찾는다.

봄을 기다린다

봄을 기다린다.

깊은 계절이 지루하다.
청아한 물소리도 듣고 싶다.
물 오르는 가지에 꽃눈이 피고
무성히 숲을 이루는
초록의 시야가 그립다.
설경을 두고도
딴전을 피우는 것이
마음에 걸린다.
겨울에 갇힌 발소리가
무거워서 그런 것인가?

이 밤
바람도 숨죽은 한가로움이
공연한 생각에 든다.
창을 흔드는 기척이라도
기다리는 심사
너무 고요하다.

나리꽃

나 보기가 역겨워?

뜬금없이 찾아와서 놀라셨으리라.

요즘은 가공의 시대
불가능도 가능한 만능의 시대
그래서 시험 삼아 꽃대를 밀어 봤지.

겁 없이 꽃을 피우고
너스레를 떨고 있는 너.

국화

서리가 내리면 피는 가을 마무리
누이 같은 모습이라던 어느 시인의 표현
이른 봄부터 기나긴 시간을 살아온 생명이지만
바람은 낯선 계절을 준비하려 채근한다.

겨우
살이

아직도 먼 계절을 향해 꽃눈을 감추고
바람에 날리는 눈보라를 맞고 있구나.
사람의 생각으로 어림도 없을
겨우살이의 삶
햇빛이 반사되자 기지개를 켜는지
바람 자는 틈에 푸른 가지를 곧게 펴고 있다.

칼바람 속에서
긴 겨울을 어찌 견디려느냐?

니의 인내에
한 수 배웠노라.

산세비에리아

독서삼매경

산세비에리아 늘 책장 앞에 있으니
밤에도 독서를 끝내지 못한다.
독후감 숙제는 언제 내줄 건가요?

늦가을

늦가을로 들어선 뒤껼
나목의 가지가 울타리 안을 기웃거린다.
재촉하는 찬바람
일손을 기다리는 텃밭
부지런히 거두어야 한다.

오래전 샛강

40년 흐르는 동안 고향산천 많이도 변했네.
거울처럼 들여다보이던 맑은 물 흐르던 옛 샛강도 서양의 정원처럼 꾸민 공원으로 바꾸어놓았다.
송사리, 구구락찌 떼 지어 노닐던 아득한 시간의 세월을 거슬러 올라가다 보는 탁류(濁流)

아쉽다.

경제 발전의 흐름이라고 하지만
나는 오래전 그 샛강의 추억이

그리워
그리워

향수를 부르고 있다.

철 없는 영산홍

글을 쓰지 않으려 손끝을 놓았는데
영산홍 무리가 마음을 흔들고 있다.
철 지나면 얼마를 기다려야 하는데
모른 척하느냐며
한껏 물오른 때깔을 뽐내어 보인다.

철없는 영산홍아!
지금 마음이 한가롭지 않음을 어이 모르리!
이별해야 하는데 연습이 부족하여
속울음 터트리지 못하는 나는 어이 하라고….

네 빛에 환호하라고 이리 붉더냐!
5월이 춤사위를 벌이는 시간도 내게는 부질없노라.

산수유의 나들이

집으로 들어서는
언덕바지 앞집
주인이 울타리 삼아 심은 산수유
이젠 늙은 고목이 되어
휘청거리지도 못한다.

2월이 가고

2월이 가고 있네.
긴 시간 얼어붙은 물줄기가
숨을 트이듯
잠시 숨 고르기 하네.
언제라도 좋으리.

그대를 보내고 난 후
그래도 아쉬움에 돌아보겠지만
오는 3월이 사랑스러워
절로 미소 짓는 변덕스러움
다시 올 수 없으니 길 따라
떠났다가 오렴.

그때엔 한껏 사랑할 기리는
고백, 언약 다 해 주마.

겨울도 봄도 아닌 너의 흔적만 사랑하마.

늦가을 빛

하늘도 바람도 높이 흐르고
곁가지 매달린 열매
갈무리하는데
이제야 세상을 보는

넌

얼마나 이 가을을 살아갈까.

늦여름에

여름이 다 가고 있다.

아직도 제철인 줄 알고
늑장 부리면서 도도하게
꽃처럼
이파리를 치켜세운
상추.

제 계절도 모르네

외출 길 마을버스 기다리고 서 있는데
하얗게 핀 작은 꽃송이가 눈에 띈다.
무엇일까 기웃거렸다.
그 작은 송이는 라일락이다.

'에쿠! 5월이 아니잖아.'

제 계절도 모르고 어찌 꽃을 피웠을까?

첫 눈 소식의 엽서

또 한 해가 지나가나 보다.
첫 눈 소식의 엽서가 왔다.

무심한 시간이여!

되돌아갈 수만 있다면
좀 더
진정한 삶을 위해
힘껏
발돋움할 걸
이런 갈망도 욕심이려니.

메마른
땅에
뿌리를

곤궁한 생명의 양식
논에서 자라야 할 벼가
메마른 땅에 뿌리내리고
누렇게 익어 가고 있다.

터를 잡는 방법도
가지가지
태양이 재촉한다.

'서둘러! 서리가 오기 전에!'

이 녀석 여유롭게 썬텐 중.

하얀 서리를 맞는 꽃

가을이 끝자락에 매달려 있을 때야
뒤늦은 출산으로
하얀 서리를 맞는 꽃
요즈음 비닐하우스에서
제철 없이 출하한다.

누이처럼
안존한 꽃잎의 연민을
사랑한다.

서리가 아직 준비하지 않고
이제 가을이라 느끼고 있는 길목을
꽃집은 성급히 열고 있다.

철쭉

꽃이 붉었던 봄을 시샘하는가?

가을에도 잎사귀가 붉게 물들었다.

철쭉은 그렇게 봄과 가을
두 번씩 붉게 피었다.

Photo by 공란식

가을을 기웃 거리다

가을이 왔다.
추녀 끝에 매달린 거미줄에
마실 가던 잠자리
딱 걸렸다.

배고픈 거미 녀석 게눈 감추듯 먹어 치웠다.

그 모습이 안쓰러워
꽃으로 시야를 가려 준다

'고인의 명복을 빕니다.'

가을을 기웃대다 거미줄에 걸린
억세게 운이 없는

작은 잠자리여!

맑은 하늘

맑은 하늘이 전깃줄로
두 조각이 되었다.

오랜만에 본색을 드러낸
무한한 공간
퐁당 뛰어들고 싶다.

올해엔 피서란 엄두도
못 내고 연이은 빗줄기에
얄궂은 시선만 보냈기에….

어느 여름

어느 여름 백일홍을 보았다.

도도한 장미처럼 하늘을
치켜 보는 자태가 당당했다
누구의 간섭 없이
자신의 공간을 한껏 사랑하고 있었다.

Photo by 홍한식

잔디 잔디

몇 해 전 지인으로부터
선물로 받은 꽃잔디

봄을 열면서 예쁜 꽃을
보여 주는데

요즈음

남편이 병으로 분투해서 안쓰러웠는지
살짝 고개 내민 꽃

'잔디야! 고마워!'

잡초들

알 수 없는 꽃이 제집인 양
터를 잡고
달빛 같은 속살을
드러내고
히죽이 웃고 있다.

염치도 없이 들어선
객을 위해 물러선 잡초들
분양가 높은 줄 알았나?

수군거리며 가을을 살고 있다.

Photo by

사철
곁에 있으라

담쟁이 넝쿨 사이에 낯선 꽃 하나
어디서 온 손님일까?

처음 보는데
은은하게 포즈를 취하고 있다.
화려하지는 않아도 귀태가 있다.

멀리서 온 객이면
따듯한 차 한 잔 대접해도 좋으리.

아니면 사철 곁에 있으라 하던지….

까치밥

느긋한 주인이
따지 않아
가지 끝에 매달려 있는 홍시
까치가 제 밥이라고
소리를 내며 아우성이다.

가을은 누구에게나
만찬이 차려져 있다.

Photo by 공란식

아네모네

바람이 만든 붉은 무리
시베리아의 별판
사람들 손길이 닿지 않는 곳에
오늘도 춤추는 바람꽃.

가을안부

가을입니다.

제 계절이기도 하지요.

늦은 시간까지 지탱하느라
여름을 강타한 비바람도
무수히 견디어야 했지만
햇살의 응원에 힘입어
꽃으로 변신하며
여러분께 인사드립니다.

행복하세요.

단풍 구경 가요

구성진 목청으로 아리랑 부르며
자전거 타고
들에 가는 남편
한을 푸는 것일까?

소리가 애절하다.

살아온 생애 힘들고 어려웠기에
더욱 간절하게 들린다.

내려놓을 짐 가벼이 벗고
산천 주유하며 살아도 될 임이여!

언제 두 손 잡고 단풍 구경이나 가요.

Photo by 공란식

까마중

아무도 너에게 관심 없잖아!

그렇지만 너는 뿌리를 내리고
숱한 잡초 속에서
누군가를 기다리며
연민으로 사는 거니?

기다리다 지친 너는
까맣게 망울지어 맺힌
한을 터트리며
다음 생을 또 인연으로
환생하는구나!

나도 너처럼 까맣게 타들어 가는 한을
터트리는지
인연도 싫고 환생도 욕심도 없이 가고 싶어.

돌나물의
여름나기 끝

생명력도 참 강하다.

가뭄 속에 뽑아
풀더미 버렸는데
어느 틈에
뿌리를 내리고 살았다.

사람의 손끝은 모질어
목숨줄 끊어 놓았건만
이 녀석 아무렇지 않은 듯
제 생명 키우고 있다.

해맞이 산책

여명이 트고 빛이 반사된다.

아침은 살아있음을 확인하는 시간을 준다.

나에게 주는 오늘
반복되는 일상이라도
감사해야지.

언제 일어났는지 곁에서 자던 남편은
벌써 해맞이 산책하러 나갔다.

새로운 시작의 오늘을 달리자.

힘껏, 아자! 파이팅!

고구마 싹

따듯한 보일러실을 점령한 줄기가 춤을 추듯 너울댄다.

고구마 싹이다.

먹다 보면 지루할 때도 있다.

그래서 보일러실에 놔둔 것이 반항하듯
햇빛을 보겠다며 아우성이다.

원래 싹은 자르고 옮겨 심어야 고구마가 탄생하기에
미련 두지 않는다.

이발하듯 싹둑! 아프겠지만,
이것이 너의 종족 보존의 단계다.

그러니 내 매정한 손을 원망하지 말지어다.

홀씨

자신의 영역을 위해 무리 지어 피었다.

눈에 보이지 않을 만큼 가벼운 홀씨로 살면서도
먼 곳까지 날아가는 생명
언제부턴가 터를 잡았다

해마다 보기 좋은 꽃으로 답례하기에
인심 좋게 공간을 내 주었다.

답례를 해주는지 바람이 살랑거리자
쌉싸롬한 향기를 보내고 있다.

우리 집 뒤꼍의 매화

우리 집 뒤꼍의 매화
긴 겨울 동안에 꽃망울을 잊은 듯 가지는 딴전을 부린 것 같다.
드문드문 핀 꽃들 사나운 바람에 떨어질까 봐
안간힘을 쓰며 버티고 있다.

제 계절도 차츰 사라지는 걸까?

무색하게 움츠린 긴 여정 끝에 찾아온 4월
꽃들의 향연도 제풀에 지쳤다.

이러다 어영부영 여름이 찾아올 지도 모르니
빠른 걸음으로 달려오렴.

시간은 너를 기다리지 않으니.

꽃의 무한한 변신

하얀 속내를 드러내는 그대는 진심인가?
검을 수도 있다는 착각을 버려도 되는지.

영원히 그 빛깔 순백은
잃지 않기를….

요즈음은 염색체의 개발과 기술의 발달로
꽃의 무한한 변신

사람들에게 호감을 주고 눈요기로 즐겁게 하지만
원래의 제 빛이 가장 순수한 법

그래서 렌즈에 보이는 그대로 담아 보았다.

사람이 꽃보다 아름다워

사람이 꽃보다 아름다움은
감성이 있기 때문이다.

꽃은 자신의 아름다움만
표현할 수 있지만
사람은 마음 가는 대로
표현할 수 있기에
꽃보다
아름답다 할 수 있다.

다만 그 감성을 어떻게
표현하는가에 따라서….

콩

꼬투리

지난 태풍에 쓰러졌던 콩대
가을바람이 응원하더니
기어코 콩꼬투리를 매달았구나.

서리가 내릴 때까지
두고 봐야 하는데 속살이 궁금하다.

아직은 덜 영글었겠지만
아주 잘했어, 파이팅!

그리움

노랑 친구들이 보라 친구를 초대했다.

서로의 빛깔에 차별하지 않는 그들의 정겨움에
오래전의 친구들이 생각난다.

누구든 다 같이 친구라는 것을 꽃들은
알고 있기에 함께 웃는다.

그리움은 사람을 차별하지 않는다.

담쟁이와 동거

우리 집 찾아오실 때 필요하실 거 같아서요.

담쟁이가 염치도 좋게 동거한다.

Photo by 공란식

색의 조화

셔터를 누르는 손끝
빛과 어우러지는 순간
조화를 부리는
붉은 단풍
꽃버선이다.

사람과 자연

사람이 사람을 사랑하는 것은 행복을 얻는 것이다.
사람이 자연을 사랑하는 것은 생명을 얻는 것이다.
그래서 우리는 함부로 선택할 수도 버릴 수도 없다.

들깨

텃밭에 모종으로 심은 들깨
벌써 꽃을 터트리고 있다.

고소한 들기름
벌써 입맛이 당긴다.

여물려면 아직도 멀었는데도….

기생란

몇 해 전 친구가 선물한 기생란
어지간히 깐깐한 난초가 아니라 했다.

자리를 옮기면 제대로 살지 못한다는 난초인데
내 앞에서 자태를 뽐내며 유혹하고 있다.

백년초

장미는 가시가 있어도
잎이 있고
아름다운 꽃 속에 있어
경계를 늦추지만
가시만 달고 생을 살아
누구도 손 내밀지 않아

외로운 선인장

씀바귀의 고백

달면 삼키고 쓰면 뱉는다.

쓰디쓴 미각에 길든
만인들에게 보너스로
꽃을 띄운다.

Photo by 공란식

봉숭아

여름밤

큰언니네 집 꽃밭에 핀 봉숭아

어린 동생들 땟국 낀 손톱을 물로 씻어
밤새 물들여 놓고
신기한 듯 검사하던
환한 그 미소가
봉숭아를 닮았다.

꽃잎

바람을 타고
가을을 사랑한
꽃잎은
하늘에서
춤추고 있다.

Photo by 공란식

여름의 끝

가을을 기다리는 것일까?

여름 내내 만개했던
꽃들이
시두해 한다.

당근

여름날 심은 당근
무공해 작물이라고….

남편의 첫 작품인데
태풍과 가뭄으로
에구, 크지도 못하고 세상에 나왔다.

큰 덩치는 기대하지 않았으니
하늘이 내려준 감사의 뿌리.

파뿌리와
함께
동거 중

이웃집 마당 끝 텃밭에서
마실 온 꽃이랍니다.

무슨 이야기일까?

귀 기울여 들었는데요.

술래잡기하다가
술래가 되어 숨었다가
그만 길을 잃어
이렇게 함께 살고 있다고 하네요.

정
상
오르는 계단 옆 낮은
꽃

소담스레 내린 눈이
가을을 버티고 살았던 여린 가지를 덮쳐버렸다.

제 무게도 만만하지 않음에
허리조차 펴지 못하는 작은 가지
눈에 대한 낭만보다
힘에 부쳐 눌려 있는 심정 알기나 할까?

황악산 정상 오르는 계단 옆
낮은 나무에 눈꽃들이 피었다.

낯선 방문객들을 내쫓는 바람의 텃세
정상이 눈앞인데
견디지 못하고 하산한 아쉬웠던 등반.

Photo by 공란식

대나무

통증에 시달리는 남편 곁에서
내가 할 일이라고는
끼니 챙기는 것뿐.

점심을 함께 먹고 운동 삼아 공원도 돌았지만,

남은 시간 동안
내가 남편에게 해 줄 수 있는 게 아무것도 없음이 불안하다.

찬바람 모진 눈보라 속에도 버티는
대나무 같던 남편이 오늘따라 위대해 보인다.

작은 내 모습이 더 작아지고 있으니
사철 변하지 않던
꿋꿋한 의지는 어디에 두었는지….

2. 굽이쳐 흐르는 강물처럼

흐르는 순리 그대로

바람도 아닌
가을도 아닌
그곳은 침묵과 고요만으로 세월을 살다.

산중의 깊은 뜻이
어찌 속세를 따르라마는
흐르는 순리 그대로 지나치리라.

구름을 앞세우고

아직도 성이 덜 풀린
하늘은
구름이란 무시무시한 군사를
앞세우고
세상 아래를 노려본다.

Photo by 공란식

인생

살아 있기보다
더 힘든 것은 고통을 맛보는 것
그 고통을 참는 이 곁에서 그냥 바라만 보아야 하는 무심함이 더 괴롭습니다.

혼자만이 사투를 벌이는
고독함이 어쩌면
우리의 삶이 아닐까 합니다.

덧없이 스러지는 허무
우린 그 허무를 위해
시간을 소비하는 우주 속 가엾은 존재일 뿐.

더 이상의 무엇과도 바꿀 수 없는 것은
나를 위한 동행은 지금뿐입니다.

(지난날들에 대한 회한을 되새겨 봅니다. 남편 곁에서 해 줄 수 있는 것은 무엇인가? 이렇게 함께 있으며 지켜보는 것 외엔 아무것도 할 수 없음이 허무한 삶인 것 같아 안쓰럽습니다. 누구에게나 가는 길은 혼자만의 고독함일 뿐이겠지요.)

만남도 운명

이곳을 따라 오르면 남편과 인연을 맺고 수십 년 산 나를 만날 수 있습니다.
무엇이 나를 여기에 정착시켰고, 그 숱한 시간에 매달리며 우리의 삶을 엮어 왔는지….

만남도 운명이라 했던가요? 본 적도 없는 사람들과 가족이 되어 세월을 보내고 있음이…. 그 때문에 웃고 울며 보냈던 날들이 주마등(走馬燈)처럼 스치는 애처로운 공간에서 나 아닌 다른 사람과의 인연이었다면, 지금 투병 중의 아픈 모습으로 떠나는 시간을 기다리지 않아도 될 다른 삶이었을까요?
침묵이 흐르는 순간에 이별에 대한 두려움이 우리의 운명을 다시 생각하게 합니다.

언젠가는 나도 처음 들어섰던 이 길을 따라 원래의 자리로 떠나게 되겠지요.
그땐 함께 했던 인연의 고마움도 깨닫고 그리워하겠지요.

바람 타고 한 번쯤 맴돌고 갈 만큼….

어디에서든
다시 만나지 않으리

상큼한 기운이 감도는 봄인데 몸은 천근이다. 세월은 속일 수 없는가 보다. 예전에 다친 곳이 통증으로 괴롭히고 있다.
남편도 쇠락해 가는 데 걱정이다.
몸속에 죽음을 잠재우며 시간 다툼하는 그 모습이 가엾다.
배짱과 오기로 세상살이 견딜 수 있었다는데 그 기백은 어디로 갔나?
칠순 노인처럼 양지쪽 햇볕을 쬐며 먼 곳을 바라본다. 노인대학에 입학하면서 초등학교 가는 기분이라며 즐거워하던 웃음도 희미하다.
꽃 피는 춘삼월 보내고 녹음 짙은 오뉴월도 지나고 낙엽 지는 구시월까지 가고 동지섣달 긴긴밤을 맞이했는데….
'생명줄 놓지 말자!' 다짐 주는 나를 보고 웃는다. 떠날 때가 되면 그냥 가는 거란다.
어디에서든 다시 만나지 않으리. 아웅다웅 미운 눈꼬리 치켜세우며 다투던 시간도 생각하면 감사했다며 씩 웃고 있다.
죽음으로 다가서면 겸손해지는 걸까? 남편의 성정이 어린아이처럼 차분하다. 몇십 년 지켜본 남편이 아니다. 같은 길을 갈 수 없기에 모든 것을 내려놓는 것일까?
손사래 치며 '나 따라오지 말라' 는 그 눈빛이 애처롭다.

남편의 해우소

며칠 전 티브이에서 환경 특집 프로에 거름에 대하여 일반 가정집이 아닌 아파트에 거주하는 가구를 선정하여 수세식 변기가 아닌 물 없는 톱밥 화장실로 고쳐서 버려지는 거름을 모은다는 프로가 방영되었다.

사람들이 배설하는 찌꺼기가 자연으로 되돌아가 식물을 키우고 사람들의 먹거리를 얻는데 화학 비료보다 우수하다고 한다.

옛 선조는 거름을 버리지 않고 땅심을 키우고 작물을 심었지만, 서구화된 도시 건설 탓에 정화조를 통한 자원이 그냥 버려지고 있으며 정수를 위한 비용 또한 어마어마하다고 한다.

70년 습관인 남편의 해우소는 이렇듯 알뜰하게 자원을 활용하고 있지만, 도시에서 생활하는 자식들에겐 이용하기 불편함은 어쩔 수 없으니.

노을

황혼에 물든 세월
가을 나이가 되어 버렸다.
무성하던 꿈과 시간
뒤로 미룬 미련이
지금 자신을 뒤돌아보며 후회한다.

'노을'

예명처럼 지는 해가 그려내는 수채화도
황혼이다.
얼마를 버티고
삭막한 겨울 같은 나그네로 떠날까?
사계의 순환이지만 인생은 반복이 없으니
가을이 비껴가는 이 순간도
허무로 다가선다.

아! 무상한 삶이로다.
이대로 풍경을 잡고 있으면 안 돼?

남편의 시간이 안타깝다.

케익 앞에서 축가 부르는 지은
할아버지의 생일을 축하한다며 신 났다.
녀석 어려서부터 할아버지에게 어찌나 재잘대며 따르는지
할아버지를 완전 감동하게 하더니 벌써 이렇게 컸다.
어린이날 맛있는 것 사 먹으라고
할아버지와 할미인 내가 준 용돈을
꼬박꼬박 저금하는 습관도
할아버지와 어찌 그리 닮았을꼬!

통장을 보여 주는 우리 지은
'와~ 할미보다 부자네!'

손녀를 바라보는 할아버지가 대견스러운가 보다.
꼭 안아주는 할아버지 품에서
해맑게 웃는 지은이
너무 그리울 거야.

남편의 시간이 안타깝다.

Photo by 공란식

천륜

늙은 아버지를
아들이 보호해야 하는 천륜
병원 앞에서 발이 아플까 봐
신발 끈을 고쳐 매주는
그 정성도 갸륵하다.

언제 귀한 손주 안겨 주누

외국여행 중인 막내아들.

아기 때의 모습이 선한데, 세월의 흐름 속에 어느새 청년이 되어 혼자 외국여행을 즐긴다. 일본, 동유럽, 서유럽을 거쳐 지금은 필리핀으로….

두 돌 지나면서 일곱 살까지 들에 갈 때마다 집에 두고 나가면 먼 들길을 울며 찾아올 만큼 곁을 떠나지 않았던 녀석이다.
대학 다니며 서울로 가 독립생활하더니 지금은 완전한 서울 사람이 되었다. 객지에서도 혼자 잘 지낸다며 남편은 대견스럽다고 했다.

'어머니 저 여행 잘하고 있으니 걱정하지 마세요.'
카톡에 보내온 문자의 아기자기한 마음이 딸 같은 아들이다. 그래서 심심치 않다.
'여행하면서 굶지 말고 든든히 먹으며 다니시게.'
'길조심, 차조심까지 걱정하시겠네요, 어머니!'
'에구, 아들! 여행 다니는 것도 괜찮은데, 좋은 배필 만나셔야지. 언제 귀한 손주 안겨 주시려고?'

Photo by: 공란식

딸 바보 큰아들의 지은이 조각상입니다.
어쩌면 그리 애틋한 지!
만 6살이 채 안 되었지만, 아빠와 친구 하기 놀이하다가 말 안 들으면

"나 아빠 안 한다."

딸아이 앞에서 으름장 놓는 큰아들 말에
고 녀석 구석으로 가 울어버립니다.
에구, 내가 보기엔 두 부녀 천상에서부터 귀한 보물들일세.
지은아! 그래도 아빠가 제일 좋다는 그 말 진심이겠지?

사랑해요.

당신과 오길 참 잘했어!

삶의 주름이 굵게 파인 당신은 두 아들의 아버집니다.
가난한 농부의 아들로 태어나 일찍 여읜 아버지 탓에
고달픈 세월 헐벗은 시간 수없이 보내며
고단하셨을 당신 그래서 두 아들만큼은 당신보다
풍요로운 시절 속에서 잘 키우셨습니다.
고된 삶이 준 병마와 동거 중에도
괴롭다는 말 한 마디 내색하지 않는 고운 마음씨
결혼한 지 40년이지만 정겹게 손잡고 부부여행 한 번 못했다며
그것이 못내 아쉽다며 처음으로 비행기 타고 제주도에 갔던 첫날
'당신과 오길 참 잘했어!'
달콤한 고백보다 가슴 뭉클했던 그 소리
5시간여 걷는 올레길도 꿋꿋하게 오르던 인내심에 우리는 모두 놀랐답니다.

'여보! 아프지 말고… 더도 덜도 말고 10년만 동행하다 같은 날 함께 가요.'

내 말에 그냥 웃어주던 당신
세상에서 가장 근사한 두 아들의 아버지
당신은 내 남자, 사랑합니다.

Photo by 공란식

지은이가 그린 그림

설날.

손녀 지은이가 동생 서진이를 그렸다며 자랑이다.
채 여섯 살도 안 된 손녀는
파란색을 유난히 좋아한다.
4살 터울 동생을 끔찍하게 아끼는 모습이 어찌나 예쁜지
볼에다 뽀뽀하며

'할미가 무척 좋아하고 사랑해요.'

그 녀석 윙크로 답례하면서 환하게 웃는다.
이래서 자식보다 손주가 더 사랑스러운가 싶다.

두드리세요

나고 죽는 것은 하늘의 뜻이라 합니다.
하지만 살아가는 동안의 생명은
자신의 몫이잖아요.
요즈음 자신들의 생을 허무하게 꺾어버리는
미련한 짓을 기꺼이 저지르는 사람들 많습니다.
닫힌 자신의 마음 열지 못하여
스스로 선택하는 죽음이란 행위
열심히 살았는데 희망이 없다고요?

두드리세요.

누군가에게 마음을 열어 보여 주세요.
어두운 밤을 달려 떠오르는 태양처럼
그대를 누군가 품게 될 겁니다.
수백 년의 생명이 아닌 한 백 년도 채우지 못하면서
우리가 모두 공존하는 이유
삶은 각자의 몫이기 때문입니다
그래서 사람의 삶은 더욱 가치가 있답니다.

굽이쳐 흐르는 강물처럼

등줄기 휘이지도록 버거웠던
삶의 무게를 내려놓고 잠시 쉬어 가는 길손
굽이쳐 흐르는 강물처럼 살아온
세월도 굽이굽이 한 서러 눈물로 흐르네.

촛불처럼

생일 축하합니다.
꽃다발과 촛불처럼
환한 웃음
보기 좋습니다.

항상 그대로
우리 곁에 있어 주시면 행복입니다.
가족 모두 사랑합니다.

인연

언제부턴가 질긴 운명으로
곁으로 다가선
당신의 발소리

그 소리가
인연이 되었습니다.

끝없는 여정

삶의 끈을 놓고 바람을 타면
어디로 갈 수 있을까?
우주 저 멀리
한 줌 공기 속으로
아니면 낯선 곳
어느 정착지
지금의 자리를 벗어나서
가고 싶은 곳
희망 사항이다.

하지만
자신 없다.
왜냐하면, 세월이 나를
이렇게 가로막고 있기에….

문밖을 나서면

문밖을 나서면 어느 곳으로 가야 할 지 망설입니다.
생전의 길은 나를 지탱할 삶의 길이었다면
한껏 살다 떠나는 문밖의 길은 돌아가는 길
내가 정하는 것은 살아서의 시간이다.

눈물보다 미소 진 모습의 가족들을 보면서
어차피 그곳이 거쳐야 할 통과의례라면
뜨거운 배웅을 받으며

'잘 살았다 기꺼이 가리라.'

(생전 남편의 말입니다. 운명이 다하여 갈 길이라면 여한 없이 떠나야 한다면서.)

Photo by 공란식

사노라면

빛이 가을을 닮아
연하게 탈바꿈한다.

내 인생도 한순간 탈바꿈할
순간이 오리라.

그러면 주저하지 않고
아낌없이 내 삶을 바꾸리라.

길을 묻다

당신은 어디서부터 오셨나요?

탯줄을 끊고 세상 밖으로 눈을 떴을 때
공포감에 큰 소리로 울음을 내고
엄마 품에서 인생을 배우기 시작했죠.
그리고 시간과의 밀착으로
세월이 지난 후
삶을 배우며 존재를 각인시키며
또 다시 부모가 되고
윤회처럼 되풀이되는 계보를 이어갑니다.

그러면서 돌아가는 길은 가야 하는 것.
우주 속에 숨 쉬는 만물들의 섭리를 알면서도
다만 가는 길은 외면하고 싶습니다.
누군가 떠난 길을 바라보는 그림자
그가 갔지만, 빛은 있었나 봅니다.

길

길은
어디론가 가는 목적지
연인, 친구, 더러는 낯선 이들과 함께 갈 수는 있지만
나란히 갈 수가 없음은
서로 다른 인생의 종착점이기 때문
새로운 길을 쉽사리 가지 못하는 것도
살아갈 이유가 다르고
누군가 비켜서야
길은 보인다.

이정표

어디로 가는 이정표일까?
인생의 방향은
이정표 없이 흐르는데….
누군가 이끌어주는
방향이었다면
행복했을까?

지금 이 순간의 방향은?

바람처럼

설레는 마음도 애틋한 감정도
모르게 세월을 보내면서도
곁에 있어주길 기대하는 것
욕심일까?

바람처럼
그냥 살아가면….

Photo by 공란식

삶이란

쓰레기장에 자리를 잡고 누구를 기다릴까?
바람 부는 대로
흔들리면서도
떠나지 못하는 사연은 무엇?

동행

길을 간다.
혼자라도 가야 한다.
쓸쓸함 속에도 함께 할
누구도 없지만
가야 한다.

다만 나를 닮은 그림자
언제라도 곁에 있음을
인정한다며
오늘도 함께 가고 있는 것.

눈을 감고도

40년 전 다홍치마 입고
들어섰던
낯선 길
이제는
눈을 감고도
찾을 수 있는 이곳에는
사랑하는 사람이 있다.

우주 속의 물체

불타는 듯한 네 모습
얼마 동안 더 보면서 희희낙락할 수 있을까?
계절도 시간도 바람 따라 회전하는데
하루를 사는 동안
내 삶이 어찌 내 것이라 할 수 있으리.

배회하듯 언저리를 맴도는 햇살
그도 우주 속의 물체일 뿐인 것을.

모진 사람 마음

봄부터 생명을 키운 국화가 피었다
눈 오기 전에
차를 달여 마시라는 지인의 정보에
얼음 얼기 전 꽃잎을
매정하게 따 말렸다
서리도 찬비도 견딜 거라고
하소연하지만
사람 마음
이렇듯 모질다.

나를

내려놓다

사색과 명상
고요한 아침
아무도 가지 않은 산책길
모든 것을 내려놓듯 가벼운 마음으로
나를 내려놓다.

시간은 오늘도 가고 있는데

또 다시 어긋난 아침
자신의 건강한 옛 시간이 간절해서일까?
조급한 성품을 보인다.
사십 년 동거했지만
서로의 마음을 헤아리지 못하는 안타까움에 씁쓸하다.
며칠은 시선도 외면하며 소통도 어렵겠지.
남편 비위 맞추지 못하는 거친 내 성미가 문제다.
무엇으로 시도해야 단 둘만의 공간이 훈훈할까?
시간은 오늘도 가고 있는데….

결국 홀씨

이런 네 모습도 결국 홀씨 되어
바람 따라 멀리 가지 못하면 곁에 두겠지.
사람의 영혼 또한 홀씨처럼
바람 속을 떠가겠구나!

주소도 번지도 모르는
천상의 어느 곳
그곳을 향한 몸부림은
죽는 날까지
사는 것이 아닌 생의 끝자락을 잡기 위한 달음질
차라리 네 운명이 나을지도 몰라
사방이 트인 시야에서 갈 곳을 안내하는 바람이
친구가 되어 있으니….

서러움을 싣지 않아도 될
가벼운 이별이라면
얼마나 좋으리.

뒤돌아보는 사람아

잠시 쉬어가는 나그네
등에 진 보따리 풀어놓고 눈물 훔친다.

사는 게 버거워서일까?
아니면 가는 길을 잃어버린 것일까?
아직도 갈 길이 멀다고 하면서도

주춤거리면서 뒤돌아보는 사람아!
가여운 마음 어서 풀고 가야 하겠지.

어머니,
그 희생의 이름

새벽안개 속을 가르며 어머니는 장사를 나가신다.
자식들의 끼니는 언제 해 놓으셨는지….
어머니가 안 계신 이부자리를 확인한 후에야 아는 자식들
바삐 등굣길에 오르며
밥숟가락 하나 치우지 못하고 허둥거리던 우리

그래서 어머니의 발걸음은 더 바쁘셨을 것이다.
평생 숨소리조차 편한 날 없던 어머니의 기척
자식들이 어찌 헤아릴 수 있었을까?

마지막 돌아가시는 길에도 새벽안개 속처럼
혼자 길을 나서고 있었음을….

어머니란 존재는 가엾은 희생, 그 이름뿐이다.

- 어머니의 목소리를 듣고 싶은 바람 부는 날에.

비우고 가시라

생전에 비운 마음
가실 때도
비우고 가셨다.

누구라도 떠나는 길
가벼이 가면 좋으련만

어찌 두 손 가득
움켜진 욕심뿐인가.

마실 온 세상

바람 타고
마실 온 세상
밭갈이하는 주인장이 잡초라 뽑아도
저를 바람과 비가 보살펴 줘 다행히 살았답니다.
이제 이 세상을 떠나갈 계절
산책 나온 길손이 눈길을 주며
모델로 발탁하고 사진으로 남기네요.

잘 놀다 갑니다.

다음 생은 지금처럼 기다리지 않으려 합니다.
물론 욕심이라 하겠죠?
지금까지 존재한 것만으로도 행복이라 하겠지만….

Photo by 공란식

오고 가는 길

여름날 그 난리를 겪고도
길은 가을을 맞이한다.
삶을 위해서 걸었던 길목
늦가을의 햇살에 낙엽은 지고
오고 가는 길에
세월도 가고 있다.

이 세상
너머는

이승과 저승은 무슨 관계일까?
살면서 죽음을 두고 죽음은 곧 환생이라 하거늘,
어이타! 건너는 다리마저 등이 휘었나.

가버린 사랑

가버린 사랑
잊고 지낸 사람

그리고 다시
생각해도 좋을
사람

바로 당신입니다.

님

슬퍼하지 마세요.
떠나도 흔적은 남아 있으니….

그대가 보고 싶을 땐
바람 부는 언덕에서
기다리며

이렇게 서로의 마음이
남아있음을 사랑합니다.

Photo by 공란식

대전 가는 나

저는 대전 가는 김치통이랍니다.

빈 통이었던 저에게
절인 배추속에 무채를 썰어 버무린
갖은 양념으로 가득 속을 채워 저를 배 부르게 채워주셨죠.

그리고 큰아들 내외가 사는 대전으로 가라 하네요.

자식들을 위해 춥던 날 담근 어머니의 정성이 담긴 김치
대전 가면 잘 숙성되어 맛있게 될 겁니다.

부모는 자식에겐 든든한 후원자
자식은 부모를 염려하는 울타리
서로 사랑하는 가족이기에
김치는 꿀맛이겠죠.

나 하나의 사랑

외톨이 사랑을 한 사람은
마음이 쓸쓸하다.
바라만 보아야 하기에
사슴처럼 슬퍼 보이는 눈동자
기린처럼 긴 목으로
그 사랑을 기웃거리다
가슴이 멍든다.
이제는
가을걷이처럼 마음을 거둬야 하는가?
바스락 바람이 남기는
여운도 이젠 내 몫이 아니려니….
아이야! 눈물보다 미소를
임의 길목에 남겨야겠지?
그 사랑도 좋았다는
믿음이 있으니….

집이라서

Photo by 공란식

돌아갈 집이 있음은 내 영혼이 잠시 쉴 수 있어 행복이다.
마음 풀고 나태해지면 어떠하리.
옷 매무새가 가지런하지 않아도
허접한 도구들이 질서없어도
내 공간이니
조금도 미안해 하지 않아도 되는 공간이 있으니
오늘도 그곳을 찾는다.

'뭐해요? 나와서 수다스럽게 데이트해요.'
누군가의 유혹
몸이 고달프네요.
그냥 편하게 누워 있고 싶어요.
집은 좋은 것, 누구에게나.

Photo by 황란식

빈 집

빈 집처럼 고요롭기 그지없다.
들에 나간 남편이 집을 비우면 혼자 남는다.
분합문 너머 마당을 보다가
책도 읽었다.
그리고 문을 열고 뒤란 쪽도 살피다 하늘을 본다.
비를 내릴 기세인지 구름이 해를 가렸다.
열한 식구가 북적이던 친정집
조용할 날 없던 일상이었지만
그 때가 그립다.
티비가 수다를 떨지 않는다면
더 적막하고 외로울 것이다.

세속에 찌든 때

작은 공간에 홀로 있다는 것이 외로움일까?

누군가에 밟히지 않은 오솔길은
소요를 일으키지 않는다.

어찌 보면 세속에 찌든 때를
불리는 고요, 그것일지도 모른다.

아름다운 사람으로 살게 하소서

사물을 바라볼 때에도 거친 마음 없이 고운 눈으로 바라보게 하소서
화를 참지 못하는 이의 마음 다스릴 수 있는 부드러운 심장을 주소서
길을 가다가 거슬리는 물체가 있으면 비껴갈 수 있는
얌전한 걸음걸이가 되게 하소서
낯선 이를 보아도 잘난 척 도도함 없이 두 손 모으며 묵례하는
예의를 갖추게 하소서
늘 겸손함으로 죽어도 억울하지 않게 잘 살다 가노라 웃을 수 있는
미소를 배우게 하소서
겨울이 가면 봄이 오듯이 순리에 어긋남이 없는 삶으로
미련 없이 따르게 하소서
먼 발치의 시간이 아닌 오늘을 위해 마음 다하는

그런 아름다운 사람으로 살게 하소서.

제 자 리

본래 있던 제자리로 돌아가는 길은 어떤 모습일까?
수없이 걷고 걸었던 낯익은 길은 아닐 텐데….
그곳도 이곳 사람들처럼 아우성치는 생존이 존재하려나?
가고 오는 시간 속에
버리고 떠나는 가벼움을 보여주는 자연에서
내가 선택할 수 있는 깨달음은 아직도
찾지 못하고 배회하고 있는데
세월은 나를 기다리지도 잡지도 않으니
어느 나이에 철이 들려나.
벌거숭이 가지를 보고 있어도 무심한 마음뿐.

Photo by 공란식

40여 년 동행

꽃다운 나이에 시집온 세월은 예순을 넘겼다. 40여 년 동행한 남편에게 처음 손을 잡혔다.

에구! 이 양반! 쑥스러워 손 한 번 제대로 잡지도 못했는데…. 많이 아프더니 지팡이가 필요한가 보다. 한의원 가는 길 기운이 없어 혼자서는 힘들 것 같아 따라 나섰다.

버스에서 내려 병원까지 내 손을 잡는다. 이런 일 나기 전에 진작 손도 잡아주고 하지.

따스하다. 얼마나 좋은가. 부부가 나란히 손 잡고 신호등 기다리며 연인처럼 나란히…. 몇 날이나 더 함께 곁에 있을까?

비가 마음을 읽은 듯 내리고 있다.

조각가 아들

아주 어려서부터 그림 그리기를 좋아했던 아들은
집을 새로 지어 이사한 날
벽지에 연필로 낙서하다가 아버지에게 혼나기도 했었지.

양지바른 마당은 아이의 도화지
그곳에 아들은 꿈을 그렸다가 지우고 또 그렸고…
초등학교 때부터 입상하더니
중학교 때에는 학교 대표로 대회에 나갈 때마다
상장을 타왔지만,
남편의 반대로 고등학생이 되어서야
늦깎이로 미술학원에 다녔던 아들
지금은 조각가로 활동하고 있다.

아들의 손끝에서 빚어져 되살아나는
흙의 혼

볼수록 대견스럽다.

그 사람

빼친 이유 모르겠네.

40년이라지만 동작 그만해도 할
짧은 시간
하루에도 몇 번씩 눈꼬리 치켜뜨고

"뭐하는 건데?"
"가을 타는가 봐요?"

정말 그럴까?
가을은 남자의 계절이라는데
이 좋은 날을
그 사람은 바보처럼….

사랑 · 2

우리는 무엇을 위해
오랜 세월을 달렸을까?
두 손 잡으며
고백하지 못한 말
그것은 서로에 대한
존재를 인정하지 못했던
못난 마음이었다.

다른 길을 가는 것도
아니면서 어찌 먼 곳을
향하여 시선을 두었나?
그대여!
이제는 사슴처럼 슬픈 눈은 싫어요.
구부정하게 휘어진 그림사라도
그대로가 좋아요
지금이라도 수줍게 고백합니다.
I love you.

생각만으로 쓸쓸한

내가 숨 쉬고 있는 작은 공간을 벗어나면
지구의 곳곳은 어떤 모습일까?

미로 같은 밀림, 사막지대, 협곡, 빙하,
뜨거운 열대림 등등 상상할 수 없는 형체로 공존하겠지.
이 무한한 우주에서 나는
생을 사는 작은 물체에 지나지 않는다는
생각만으로 씁쓸한 느낌
대단하게 선택받은 존재로 착각하며
살았던 것이 부끄럽다.

수억 년의 변화를 거치며 지구는
내가 상상해 본 적도 없는 상황들로 회진하고
있음이 놀라울 뿐이다.
미물에 불과한 존재이니 어찌 깊이 깨달을 수 있으리.
이 또한 좁은 소견임을 고백할 뿐이다.

이별

이 손을 놓으면 이별이라 부르나요?
밤새 앓으면서도 내 손을 잡는 당신
처음으로 잡은 느낌이지요.
이제는 가고 싶어 통증 속에 수없이 고백하지만
아직 나는 당신 손을 잡고 싶습니다.
몇 년 만 더
나의 귓속말도 귀담지 않는 욕심 없는 당신은 바보입니다.
떠나는 길 되돌아올 수 없음을 알면서도
잘 있다, 훗날 오라는 무심한 말
그득한 봄 향이 그리우면 어쩌나?
무성한 나뭇잎 그늘이 좋은 여름날과
가장 행복한 웃음을 날리던
들판 위에 풍성한 가을을 사랑한 당신은
그 들녘을 두고, 어찌 가시려 하는지요?
하얀 겨울은 쌀밥 같아 어릴 적 배고픔을 생각하게 한다며
눈 쌓인 것을 좋아했었는데….
사계절을 두고, 나를 두고, 자식들을 두고
꼭 가야 하는가요?
이별은 또 다른 만남이라는 기약을 둔다는
당신이 바보 같아서 손을 놓고 싶지 않습니다.
사랑합니다. 사랑합니다.

3. 사노라면

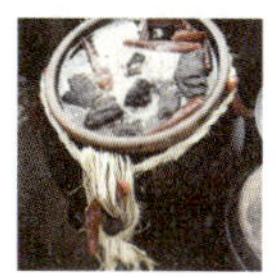

어찌해 돌 틈에 사느냐?

미련스런 네 고집
천지 들판을 놔두고
어찌해 돌 틈에 사느냐?

갈 곳을 잃었나, 아니면
제 취향일까?

아마
누군가의 시선을 피하려
이곳을 터로 삼았을 거야.
그냥 모른 척 지나칠 걸
기어이 너를 보고 말았네.

3월의 신부

3월의 신부가 된 그때 모습처럼
수줍은 너를 보면
낯선 것에 두려워 머뭇거릴 때
살짝 손을 잡아준
낭군 따라 들어선 동네 어귀
닮고 싶어 훔쳐 본 자태
눈도 귀도 입도 다물며 살던 시간 속에서
봄이면 찾아준 반가움에 친구가 되었던 시절
이제는 기다려지는 마음 없는
무심한 세월 앞에서도
어김없이 피고 지는
네 앞에 내가 철없이 서 있구나.

CANON LENS FD
LENS MADE IN JAPAN
CANON
28mm

카메라가 내 친구가 되어

"여보! 노란 모습 좀 봐요?"

담장 너머 앞집의 개나리가 며칠 사이 만개했다.
부엌 창 너머 환한 빛이 고와
남편을 부르지만, 대답이 없다.
남자라서 무디다고 하지만
꽃에 남녀의 감성이 다른 것일까?
몇 해 전부터 피는 꽃조차 무심하다니
혹시? 나를 꽃으로….

착각은 자유려니
늙은 마누라 몸매가 꽃으로 보일 리 없으리.
에구! 올해에도 나린히 시시 꽃구경하긴 다 틀렸네.
피고 지는 시간이 얼마나 된다고….

비 오는 날
카메라가 내 친구가 되어 꽃구경했다.

대견스럽구나

이웃집 마당 끝 이른 꽃이 마실 나왔네.
아주 작은 망울로 봄을 열고 기웃거리네.
언제부터 준비했을까?
연이은 추위가 물러선 지 며칠 지나지 않았는데
땅에 엎드린 채 숨죽였을 너.

대견스럽구나!

먼발치에서 피는 연분홍 진달래보다
노란 저고리 개나리보다
너에게 시선을 주게 된 것이 행운이라 고백하마.
바람도 낮은 포복으로 너를 맴돌다 가누나.
아마 햇살도 너를 많이 사랑하리.

좋은  만남

만남이 있었습니다. 처음 본 모습들이지만 인사하면서 친한 이들처럼 웃기도 하고 자신을 소개하기도 했습니다. 세상은 이렇게 서로 어우러지는 게 아닐까 생각합니다.

자신을 낯설게 표현하려 침묵을 지키며 근엄한 자세로는 뭇사람들과의 교류는 정말 힘들 거로 생각합니다.

상대에 따라 처신도 자신을 지키는 처세이겠지요. 하지만 어젯밤처럼 좋은 사람들과의 만남이라면 얼마든지 명함을 내밀며 함께 어우러져도 좋을 거예요.

누구에게든 먼저 고운 마음 열어 보이세요. 그래야 귀한 다른 이의 마음이 찾아오지요.

행복했던 시간은 내 안에 오랫동안 잠재함을 깨닫고 있습니다.

Photo by 공란식

장 맛 기대가 돼요

정월 열아흐렛날 말린 메주를 소금물 풀어 장을 담갔다.
1년의 장맛을 좌우할 햇볕을 많이 쬐어줘야 할 텐데….
왼새끼 꼬아서 항아리를 두르고 고추와 숯을 매달아 금줄을 달아준 남편.

"오랜만에 담그는 장맛, 맛있어야 할 텐데…."
시어머니께서 담그시던 장을 돌아가신 뒤 처음으로
시도하는 마누라가 미덥지 않아 하는 말이렷다.
소금간과 잘 뜬 메주 그리고 햇볕이 좌우한다는
장맛 기대가 된다.

내 생애 첫 작품이기에….

그들을 위해

올망졸망 바깥 구경 나온 여린 새싹들
콘크리트 위 나무 덮개 틈에서도 생명을 키운다.
혹한의 배고픈 겨울은 어찌 견디려고….

연약한 뿌리만 남겨둔 그들의 생존
사람들은 죽어서야 경험하는 사는 법의 원칙
작은 물체들이지만 들여다볼수록 신비스럽다.

좁은 공간 위의 세상에도
바람이 살랑거리니 성가시다며 손사래 치며
더한 혹한도 버틴 우리네라고….

귀여워 자꾸 들여다보는데
햇살이 쫓는다.
그들을 위해 비켜서라고.

Photo by 공란식

걸음을 놓으며

당신은 어디를 향하여 걷고 있나요?

산다는 게 누군가가 먼저 간 길을
따라 걸으며 생을 연명하는가 봅니
다.
길은 어쩌면 인생의 주어진 운명과
인연이 아닐까요?

오늘도 당신을 향하여
걸음을 놓고 있습니다.

빨간 우체통

밤사이 써 내려간 사연
설레는 마음으로
우체국 앞으로 달려가
빨간 우체통에 넣었다.

답장 올 때쯤
우편함을 몇 번이나 열어보며
기다리기도 했었다
집배원이 '편지요' 소리치면
달려가 받아든 편지
그 친구도 밤을 지새우며
썼을 사연
서로 기다리고 썼던 편지지
인간의 게으름과 빠른 통신의 발달로
빨간 우체통은 텅 비었다.

간장

눈이 내렸네?
눈이 쌓였는데
빗자루로 쓸지 않고
태평하게 카메라에 담는다.
겨우내 뚜껑 속에 잠길 묵은 장
옛 시절 어머니께서는 장독대를 쓸어 내고
항아리 뚜껑을 열어 내리는 눈을 받으셨다.
눈은 햇볕에 졸여지며 묵을수록 간이 맞춰졌는데
요즘은 오염이 두려워 눈을 받지 못한다.

짜면 짠 대로
그대로
뚜껑 안에 갇혀 겨울을 지낸다.

Photo by 공란식

추억을 끄집어내고

60년대만 해도 귀했던 간식
맛난 과자를 먹기 힘들던 시절
부모님께서 상점을 운영하신 덕분에
가게에 쌓인 과자와 빵 그리고 음료수
한눈파시는 아버지 몰래 호주머니 속에 감춰 나와
친구들과 나눠 먹었다.
그 덕분에 친구들은 나를 좋아했고
날마다 눈요기만 하는 그런 아이들을 위해서
가게를 들여다보며 과자와 음료수를 공수했다.
꼬리가 길면 잡힌다 했던가?

그러던 어느 날
아버지에게 딱 걸리고
가게 출입금지는 물론 오빠에게도
단단히 감시하라
엄명이 떨어졌다.
지금은 넉넉한 경제생활 덕분에
건강을 위해 간식도 꺼리지만
그 시절 그 추억이 그리워진다.

여행 다녀온
기념 인증샷

올레길 8코스
롯데 호텔이 보이는 벤치
향숙 씨와 후배는 바쁜 일정 뒤로하고
우리 내외를 위하여 멋진 여행의 이벤트를 주선했다.
세 여자와 한 남자 어울리지 않는다 하겠지만
싹싹하고 자상하며 붙임성 있는 남편
그래서 부담스럽지 않아서 오히려
자기들이 좋은 추억을 만들고 있다며 즐거워했다.
아픈 남편과 지내는 나를 위해
지극정성 다한 두 사람의 배려
매우 고맙다.

동행한 두 사람에게 남편도 환하게 웃으며
감사의 인사말을 잊지 않았다.
'다음 봄꼼에 아서씨 선상 회복되시면 다시 여행하자.'
라는 말이 떨어지기가 무섭게 남편의 제안

"이번 여행기념 인증샷 한 컷!"

선물

누구나 걸음을 멈추고 눈길이 가는 모습
평생 꽃을 갖지 못하는 나무를 위해
어느 고운 손길이 선물했나 보다.

사람도 생산할 수 없을 때는
입양해서 자식으로 키우고
정성 들여 한 사람으로 바로 서게 하지 않던가.

썰렁할 가지를 위해
길가에 선 겨울나무에
오색등이 걸렸다.

짧은 이야기

긴 ______ 여운

유년의 기억 속에는 구름다리는 없었다.
맑은 물과 모래밭 가장자리에 가을이면 억새가
하늘을 보고 춤추는 경치뿐.
그리고 아낙들의 빨래 소리에 섞인 웃음.
아이들의 멱 감는 모습. 어른들이 고기를 잡으러
텀벙 물 튀는 아우성.
그것마저 잠잠해지면 냇가 둑 위에서 볼 수 있는 일몰.
그것이 내 유년의 남촌이다.
멋진 구름다리로 청학동까지 유유자적(悠悠自適)하니
걷는 사람들. 세월이 보내는 짧은 이야기,

긴— 여운.

Photo by 공란식

짝사랑

가던 걸음을 멈추고 잠시 넓은 바다를 보았다.
저대로 흐르는 바다
어찌 사람의 힘으로 품으리.

다만 가슴으로 품는
짝사랑.

POST
보내지 못한 편지
말하지 못해 안타까웠던 그 시절 지금
가슴에 무던히 새겨진 그 사람, 어쩌면
지금은 볼 수 없는 당신에게

 Photo by 공란식

파란색 편지봉투

파란색 편지봉투
애절한 사연이 담길 것 같아 마음조차 아련하다.
훗날 다시 찾은 그 길 위에서
받을 수 없는 사람에게 사연을 적어야 한다면
어떤 편지를 보내야 할까?
생각만 해도 울컥 가슴이 아프다.

자유가 그리워

추운 겨울이 오니
삭막한 바람 소리 곁들인
빈약한 모습이 을씨년스럽다.

지난봄부터 여름에는
초록의 무성함으로
오고 가는 사람들 눈요기가 되고
시원하고 신선하게
그늘도 만들어 주었지.

줄을 잘 못 섰나?
아니면 바깥 자유가 그리웠나?
사방 빈 가지들
아니다.
아니다.
손 흔드는 겨울나무.

납작 엎드려

겨울은 자기의 색깔을 감춘다.
벽을 타던 담쟁이도
시선을 끌던
늦은 국화도
겨울은 모든 것을 잠재운다.
아직도 먼 소생의 그 날
내린 눈 치우던 손길은
차디찬 바람 맞으며 꽁꽁 언 잔해를 뒤처거리지만,
죽은 듯 살아있는
그들은 그것이 순리임을 아는지
납작 엎드려 숨죽이고 있다.

마음은 소녀처럼

살아온 시간에서 이렇듯
함께 한 곳을 바라보며
나란히 서 있던 적이
몇 번에 지나지 않지만
마음에 두지 않고 있기에
이 순간이 너무 행복하다고
수줍게 고백하는 내 마음이
소녀처럼 설레고 있습니다.

Photo by 고일영

수고하셨습니다

떠오르는 태양은 항상 그 자리입니다.
사람들은 묵은 해 오는 해 앞에서 소원이란 거래를 하지요.
이젠 가고 오는 것에 연연하지 않으렵니다.
시간은 언제나 또박또박 제 갈 길을 가고
내가 가고자 하는 것이 시간은 아니기 때문입니다
수선스런 해맞이보다 지난날을 차분히 반성하는
기다림은 삶입니다.
모두 행복하세요.
덧붙여서
한 해 동안 수고하셨습니다.
어김없이 동쪽에서 시작하는 붉은 저 빛
그 수고함도 잊지 마시길….

근심 없는
편한 시간

두꺼운 철책 담장에 경비 체인으로
세상과의 담을 긋는다.
인심이 야박해진 세월 탓일까?
아니면 남의 것을 탐하는 도적을 막는 최선책일까?
40여 년 전 시집에 들어선 날
수수깡 울타리에 싸리 대문
이웃집 어르신들이 기웃대시면
인사를 나누고 했었다.
그 후 세월이 흐르자 철책 담장과 강철로 만든 대문에
CCTV까지 설치한 살벌한 세상에 이웃집이 누구인지 감히 기웃
거릴 수 없다.
오해의 소지를 불러일으킬 수 있는 각박한 인심 속에 산다.
대문 활짝 열려도 근심 없는 세상은 이제 사라졌다.
사람들조차 마음 스스로 굳게 가둬 놓고 있는 것은 아닌지.

Photo by 고일영

오늘도 행복하신가요?

우리가 바라는 바람 중에서
기쁨으로 설레는 단어가 있습니다.

'행복'
말 그대로
때로는 다른 것을 원하기도 하지만
돈, 건강도 삶에서 기쁨과 만족감이 있어야지요?
다소 빈곤하더라도
깨달음의 깊이에 비례하는 것이 행복입니다.
여러분의 가슴속엔 얼마만큼의 행복을
채우고 계시는지요?

오늘 정말 행복하신가요?

잠시
스마트 폰을 꺼놓고

세상 속을 벗어나고 싶어
스마트 폰을 꺼놓고
이틀간을 보냈다.
1분만 지나도 손 끝이 심심하다.
중독자처럼 빈 폰을 쳐다보고
혹시 누군가에게서 왔을 소식을
확인하지 못해 미안한 마음이다.

깊은 밤
잠을 설치며 불통인 폰에 시선을 던졌다.
몇십 년 전만 해도 감히 꿈도 꾸지 못한 이동통신
디지털 세상이 나를 바꿔 놓을 줄이야.
오늘에서야 소통되는 이 스마트폰
사람이 만들었으니 기계보다 사람이 우선이어야 한다.
이 기구를 통한 소통의 문명 세계
수다를 위한 나의 손놀림
와! 대단한 구속이다.

알림 표지판

주행 속도 신호 대기 표시
인근 도시까지의 거리까지
복잡한 세상 길
꼼꼼하게 알려주는 교통 안내판 덕에
낯선 곳 찾아가기가 한결 편해졌다.

구불거리는 길 따라
김서방 집 찾아갈
종잇장에 그려진 옛 약도
한 장의 추억으로
간직하고 있다.

삭막한 시야에

나뭇잎 떨어져
삭막한 시야에

한 점
제 길을 잃었다 하더라도
반가움에 손을 대다.
부끄러움 내숭 떨지 않고
추위에도 도도하다.

혼자서
쉽지 않을 외로운 공간에서
혼자 노는 사람.

마무리

여러 날 기대고 살았던 계절
뒤따라 갈 채비로 열매를 맺었다.

이 또한 짐이려니
바람 속에 낯선 시간 어찌 매듭지어 주려나.

얼음장처럼 굳어 있다가 낙하하겠지?
그것도 나의 길이라면
세상살이 여한 없었다고
한껏 멋 내고 가리라.

BUS
오산역광장 ▶ 오산역.오산터미널 ▶ 중원사거리 ▶
중앙재래시장 ▶ 재래시장앞 ▶ 미시장앞 ▶
대우3차아파트 ▶ 궐리사앞 ▶ 시립도서관 ▶
오산대학 ▶ 오산대학앞 ▶ 남촌오거리 ▶ 오산성당 ▶
서동입구 ▶ 쉼터공원입구 ▶ 아모레 ▶ 수면리 ▶
내리교회 ▶ 고지리 ▶ 용수리 ▶ 서랑동마을입구 ▶
서랑동마을입구 ▶ 서랑동저수지 ▶ 지곶동 ▶
솔매마을 ▶ 보적사입구 ▶ 농협 ▶ 세마동주민센터 ▶
세마역
500
(마을버스)
가장동 ▶ 가장슈퍼 ▶ 영일주유소 ▶ 벌음동 ▶ 신동아파트 ▶
탑동입구 ▶ 오산초등학교 ▶ 가수동주공아파트 ▶
남촌오거리 ▶ 남촌오산농협 ▶ 농협중앙회 ▶ 롯데마트 ▶
신양아파트 ▶ 국민은행 ▶ 중원사거리 ▶ 중앙재래시장 ▶
재래시장앞 ▶ 미시장앞 ▶ 남촌오거리 ▶ 가수동주공아파트 ▶
늘푸른아파트오산초 ▶ 한라아파트탑동입구 ▶
신동아아파트입구 ▶ 벌음동 ▶ 서동 ▶ 쉼터공원입구 ▶
근로자복지회관 ▶ 아모레 ▶ 가장산업단지 ▶ 가장동
Fresh Energy
OSAN
High
TOUR
Photo by 공란식

정 류 장

이정표가 있는 정류장
가고 오는 길손을 기다린다.

목적지를 가기 위해
버스를 타고 차비를 내면
차 안은 사람과 보따리가 어우러져 수다 중
하나둘 목적지에서 사람들이 내리면
잠시 머물며
다음 길손을 기다리는 빈 차
바람에 맴돌림하고 있다.

Summer
T i m e

이제 떠날 시간
그래서 너는 붉은 빛으로 그를 사랑했다고 고백하는가?
그대가 떠난다면
누군가는 그대를 사랑한 죄로 순백의 눈물을 흘리겠지?

기억 속의 그 리 움

저물녘 굴뚝의 연기에 배고픔을 느끼던 시절
저녁 해가 어슴푸레 뜨락 위로 내리면 종일 햇살 받아
뜨거운 장독대는 뽀얀 안개처럼 구름이 인다.

저녁 준비로 바쁘신 어머니가 종종걸음으로 부엌에서
나오시다가 연기까지 끌고 나오신 것이다.

냉장고에서 꺼내는 반찬이 아닌 그렇게 바쁘게 움직여서 차린 밥상.

지금의 풍성한 식탁 위 만찬도 그때만은 못하리.

골목길에서 시끌시끌거리는 아낙들의 수다와 놀이하는 아이들의 소리.

유년의 길목은 북새통처럼 소란스러워도 울타리 타고
오르는 넝쿨장미는 더욱 붉다.

앞마당에 펴놓은 멍석 위에서 이웃 어른들과 아이들이 모깃불의 매운 연기에도 무슨 얘기인지 이슬 내리는 밤이 이슥하도록 도란도란 모여 이야기꽃을 피웠다.

가로등도 없는 깜깜한 골목길을 지나 집으로 올 때 손전등으로 밤길 비춰주며 배웅하던 그때 그 친구가 그립다.

지나간 그 옛날의 그런 풍경은 사라졌다.

이젠 기억 속에서도 가물가물한 그리움으로 옛이야기가 되었다.

이웃에 사는 사람들이 누군지도 모르고 서로 알려고 하지도 않는 무례가 아닌 무관심 속에서 우리는 살고 있다.

고요한 정적을 깨는 TV 속 수다에 푹 빠져 기척 없는 옆집에도 무관심이다.

저녁을 먹고 멍석 위에서 이웃들과 모여
정겨운 대화를 나누던 그때로 돌아가고 싶다.

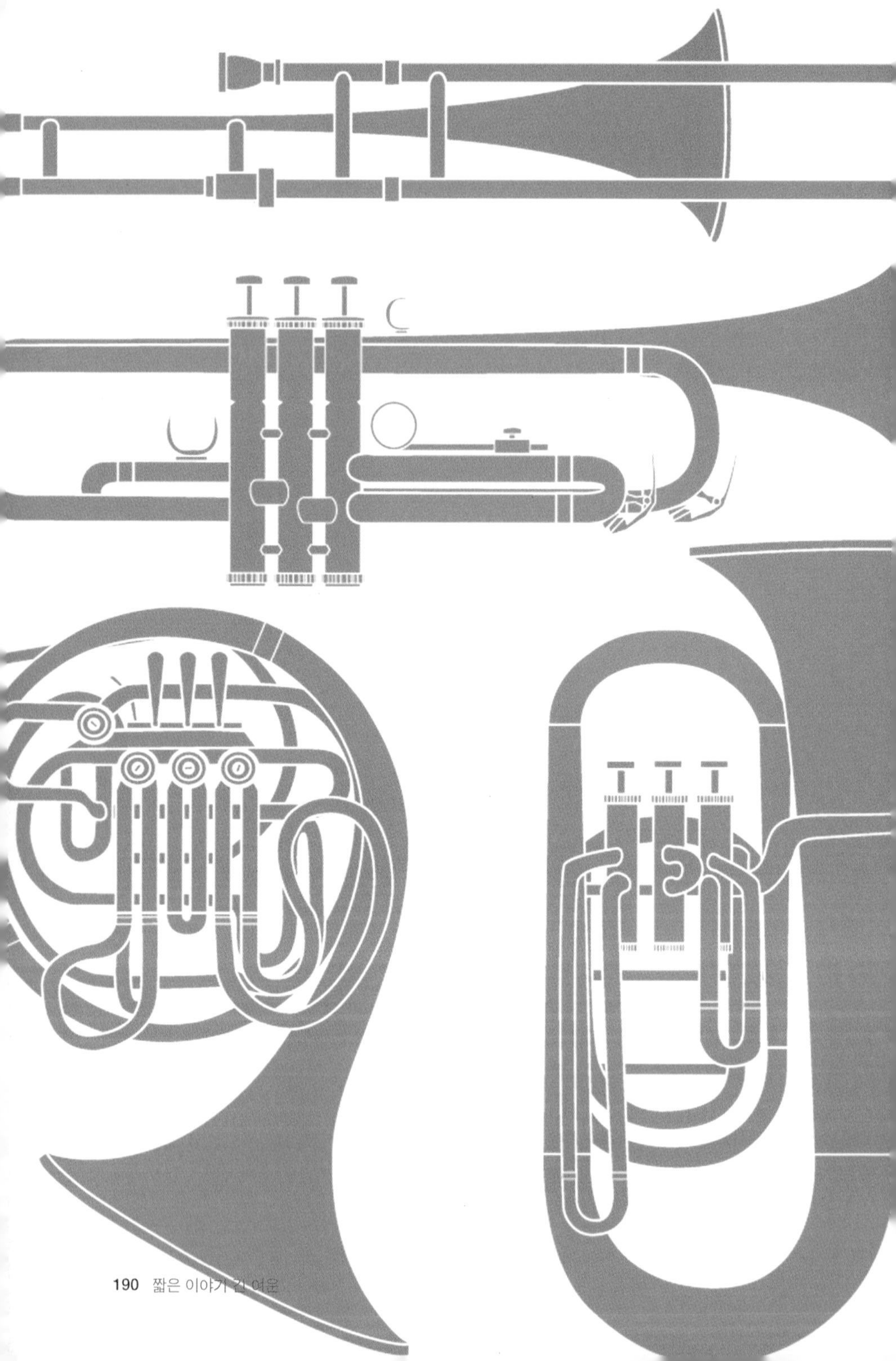

트럼펫 소리

노을이 잠긴 저녁 무렵
개천 둑 위엔 더위를 피하려 나온 사람들이 서성거린다.

그럴 즈음 공군 관사에 머문다는 병사 아저씨(어린아이들이
부르는 호칭)가 트럼펫을 들고 나와 멋지게 연주한다.

트럼펫 소리가 바람이 되어 화음을 맞추면
모든 이들의 가슴은 촉촉하게 젖는다

퇴근 후 저녁을 먹고 나오면 들리던 그 트럼펫 소리
이제는 아스라이 먼 기억으로 가물거리고
세월은 추억의 그림자도 남기지 않았다.

경계가 무너졌다

흐르는 바람으로
길 위에 서다.

시간을 깨우는 차량의 소음
세상을 보려면
매캐한 매연쯤은 견뎌야 한다.

왜냐하면, 경계가 무너졌기 때문이다.

기다리는 것

다시 오지 않을
누군가를 위해 빗장을 열다.

그 길을 밟고 자취를
남길 사람아!
오시려거든 이 가을 속
낙엽 지기 전에
기웃거리심이 어떨지?

작은 소망

여름이 지났다.

내가 살아온 과거
묻어 두고
서럽지 아니할
생애를 위해
꽃을 피웠다.

서리가 내리기 전
보아 주시니
감사하다.

내년에도
살아 꽃 피울 것을 약속하리라.

Photo by 고일영

저 높은 곳을 향하여

20여 년 넘게 살더니 삐죽이 키만 컸다.
까치들은 제 밥이 있다고 이른 아침부터 소리 지르지만
달콤한 홍시를 얻기 위한
남편의 감 따기가 만만치 않은 모양이다.
올해도 까치에게 기부해야 하나?

시집 오던 날처럼

시집 오던 날
어머니가 지어주신
다홍치마 닮은 꽃
새색시처럼 곱구나!

이웃 어르신들
동네 어귀에 들어서는
새색시를 보려고
기웃대던 모습에
얼굴 붉혔던
스물 셋 처자처럼
카메라를 들이대니
수줍어하는
이른 봄에 핀 꽃.

사노라면

볼품없는 외모로 버티고 산다고
느끼신다면 오해이십니다.

순수 그대로 꾸미지 않고
바람이 주는 시간을
살다 보니
곁눈질하지 않았답니다.

더러는 볼품없는 제 모습으로도
자유를 만끽하며
살아가고 있음을
꼭 기억해 주시길….

Photo by 공란식

제주도 하르방

딴전 피우는 마음이 아녀유.
그냥 한 번 해봤슈.
그렇지만
기분은 좋네요.

제주도의 하르방
기척도 없슈.

혼자 사랑했쥬.

비상

한껏 머물다가 떠나려 하나요?

제자리 비켜서 가기 서럽지 아니한가요?
그래도 열정을 다해 살았노라
이야기하는가요?

난 아직 미련이 남아
지금의 나를 벗어날 수 없는데….

조용필 오빠

'그대는 왜 촛불을 키셨나요.'
가수 조용필의 '촛불' 노랫말이다.
요즈음 방송 매체에서는 볼 수 없는 조용필
온 힘을 다해 부르는
그의 가창력은 존경할 만큼 위력이 있다.
굴곡도 많은 삶이지만
오로지 음악에 생을 건 사람
작은 체구에도 불구하고 열정을 다하는 무대 매너
그를 아끼고 사랑하는 팬들
나도 그 중에 한 사람이지만
여느 가수보다 그를 아끼고 싶다.
언젠가 그를 볼 기회가 주어진다면

'오빠~'
외치며 환호하는 오빠부대 팬들보다
더 열렬히 응원하리라.
'조용필 씨 당신은 진정한 가인입니다.'

첫 직장

처음으로 직장이라고 다녔던 회사
단순노동이긴 했지만
경제적 도움을 얻었고
10여 년 넘게 출근했다.

이제는 전업주부로 백수가 되었지만
봄이 되면
하얀 꽃잎이 장관인 벚나무들
그 모습이 궁금하기도 하다.

추억 · 1

TV 속 드라마에 빠진 남편.
무엇이 그리 재미있는지 커다란 소리로 웃는다.
결혼 전 아버지가 구독하시던 신문에 실린 광고란에는
극장에서 상영하는 영화 포스터가 광고로 있었다.
수원 남문에 있는 '중앙 극장'은
외화를 상영하는 유일한 극장이었다.
나는 오빠와 남동생과 저녁을 먹은 후
수원행 버스를 타고 영화를 보러 가곤 했다.
〈막켄나의 황금〉,〈수잔나〉,〈80일간의 세계 일주〉 등
많은 영화를 관람했다.
11시경 오산행 마지막 버스를 타기 위한 전쟁.
부모님은 늦게 귀가하는 자식들이지만 나무라지는 않았다.
산골 남자와 결혼하고 영화관은 잊고 살았지만
가끔 유년의 그 형제들이 그리워진다.

로망스 추억 · 2

바바리코트가 유행하던 시절.
세븐클럽(셋째 오빠의 일곱 친구) 오빠들이 단체로
바바리코트를 맞춰 입고 남촌 거리를 누빈다.
유난히 눈에 띄는 오빠 친구가 있었다.
시장 쪽에 사는 부잣집 막내.
일곱 친구 중 유일하게 대학까지 진학한 오빠다.
아버지의 사업 실패로 가정 형편이 어려워진 우리 집은
아들들은 고등학교, 딸들은 중학교만 다닐 수밖에 없었다.
상점을 크게 하시는 부모님이었기에 오빠도 나도 가겟일을
도와서 생활했다.
그런 오빠를 위로한다고 주말마다 서울서 내려온 친구.
기타를 들고 고동색 바바리코트를 걸치고 멋지게 연주했다.
'로망스'
애절하면서도 사랑을 깨닫게 하는 곡.
오빠 따라 흥얼거리기도 했었는데
불행하게도 그 오빠는 이제 고인이 되었다.
여동생이 없어
못났지만 나를 동생으로 아껴준 오빠.
가을이면 '로망스'
낙엽처럼 멀어진 그리운 사람이다.

유년의 그리움

해가 저문다.

유년의 저녁 해는 아이들과 놀다가
아버지께서 부르시면
집으로 달려간다.

덩치 큰 딸아이의 고무줄놀이를
넌지시 바라보시던 아버지
'덩치는 소만 한 녀석이! 이제 저녁 먹고 숙제해야지.'

그러시면서 빙그레 웃으시던 아버지
유년도 고향도
아버지의 모습도 희미하지만
아직도 그 시절 생각하면
맴도는 그리움.

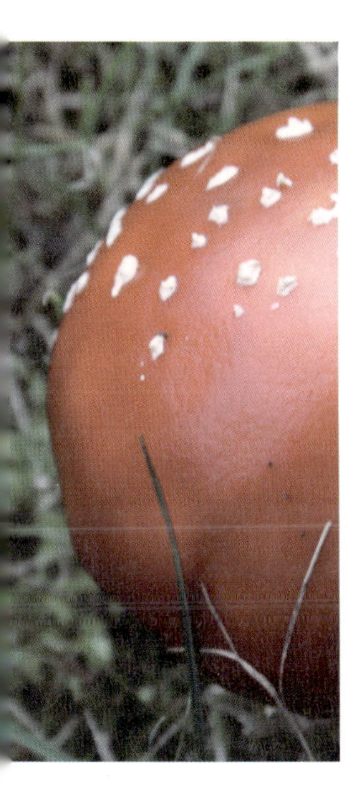

독버섯

독버섯이다.

사는데 독이 든 물체도
공존한다.

이 녀석 부채처럼 활짝
기지개를 켰다.

예쁘다고 하지도 않았는데
나를 향해 포즈.

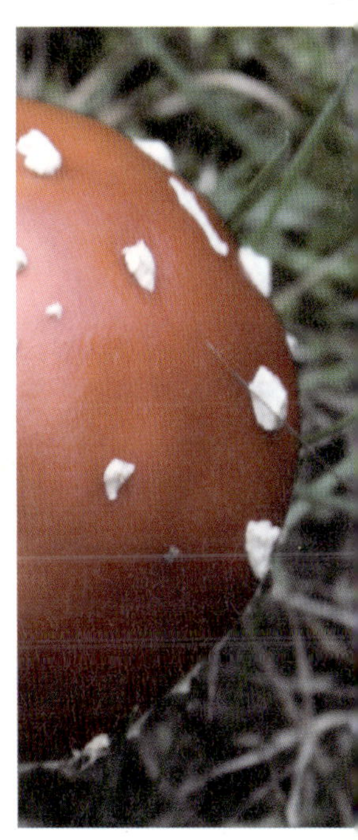

한 해의 소원

동틀 무렵.

이웃집 오빠 친구가 다급하게 들어오면서 오빠를 불렀다.

선잠 깬 오빠가 얼떨결에 묻는다.

'왜?'

'내 더위 사 가라고.'

그 옛날 유년의 정월 보름은 더위도 팔았고, 오곡밥에 묵은 나물 볶아 이웃들과 나눠 먹으며, 집 안팎 대청소를 해서 겨우내 쌓인 먼지까지 털어냈다.

이제는 그 추억의 맥을 이어가는 마을도 드물고, 가전제품인 에어컨과 선풍기가 대신 그 더위를 사는 시대이다. 더위 파는 소리는 듣지도 팔 지도 못 한다.

이른 새벽 부럼 깨 사방에 던지며 가족의 건강을 빌었다.

지금은 병원과 약국이 곳곳마다 즐비해 상비약을 쉽게 구할 수 있지만, 이 또한 귀한 시절에는 건강을 염려하며 액막이하려던 선조의 지혜.

오늘은 정월 대보름.

오늘 밤 대보름달 뜨겠지?

다 같이

한 해의 소원이나 빌어 보세.

나도 한 점

광활한 대지
너른 바다
나도 한 점
카메라 속
풍경이 된다.

언제나 청춘

늙어지니
후회가 많다는
어느 할머니
빨간 바지에 노란 점퍼 입고
곱게 화장까지 하셨다.
늦깎이로 노인복지관에서
한글 공부를 하신단다
배우지 못해
자막에 뜨는 노랫말도 따라 부르지 못해
부끄러워
복지관에 나갔단다.

요즈음은
노래방까지 다니는 자신감에
새로운 인생을 살고 있다며
자랑하시는 할머니
나이는 숫자에 불과
도전은 용기와 삶에 활력소를 준다며
주름살 감추지 않은 환한 웃음
축하의 손뼉을 치는 사람들도
모두 환하게 따라 웃고 있다.

이파리들은

가을인가 숲을 들여다보았다.

이파리들은 저마다 치장하느라
어느 것은 붉고 어느 것은 연녹색….

제각기 다른 개성으로 표현하니
하물며 인간사는
제멋대로 흐르는 것

온화한 미소를 지닌 당신을 사랑합니다

밤새하며 지켜보았습니다.
18대 대한민국 국정을 책임질 대통령 선거 결과를
신라 시대에 이어
대한민국 헌정사에 첫 여성 대통령이 당선되었습니다.

차기 대통령 박근혜 당선인
경제 부흥을 일으킨 고(故) 박정희 대통령 따님이십니다.

진즉 고인은 국가와 민생을 위한 경제 발전에 힘써
우리는 지금 풍요로운 삶의 터전에서 살고 있습니다.
아버지 대통령을 보좌했던 바탕이 있기에 기대합니다.
민생을 위해 훌륭하게 정치할 것으로 믿습니다.
축하합니다. 그리고 당신을 믿습니다.

온화한 당신의 미소를 사랑합니다.

Photo by 공란식

손님

어디서 오신 손님일까?
소리 없이 슬그머니
앉아 있다.

대접할 차 한 잔
찾는데
또 다른 객이
문을 두드린다.

팔 색 조

설렘으로 기다린
너와의 만남
낯선 이의 방문에 가시처럼
웅크린 모습도 사랑이었다.

팔색조 같은 꽃잎의 마술
노랑과 빨강 그리고….

추녀
끝에

바람이 다녀간 작은 공간에
빗물을 퍼붓고 있다.

힘이 부족한 작은 돌멩이
맴돌림 하다 제풀에 지쳤다.

살아 보세요

길목에서 기다리는
가을이 여름에 길을 묻는다.
살아 보세요.
만만치 않다는 것
깨닫게 될 겁니다.

찾아 가는 길

누군가를 기다린다.
시간이 지나버린 유년도 있을 테지
아니면 지금이라도 이름을 부르며
당장 달려올지도 모를 그 사람을
아니면 바람 소리에
묻어오는 낯선 계절을

창밖을 기웃거려도 여전히 비는 내린다.
가을일까?
아니라고 한다.
언제라고 하지 말자.
그 또한 아직도
갈 길이 멀다고….

Photo by 고일영

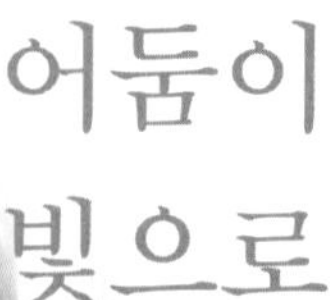

어둠이 빛으로

어둠이 빛으로 환생한다.

이슥한 시간
어둠이 늦게 잦아드는
밤을 쫓는 자들이여!
밤이 주는 역사를 위해
즐기시는지.

휴식

긴 여행에서 돌아온 방랑자에게
소식이 왔다.
그렇게 가끔 휴식이 필요할 거라는….
그래야 마음의 여유가 생긴다고.

안간 힘 쓰며

언제 보아도
늘 제자리에 있기를
재촉하며 살았지 않는가?

좀 더 욕심을 채우려
바동거리며 안간힘으로
시비하고
그리고 타인보다 내가 우선이었음에
부끄러움을 깨닫게 하고 있다.

Photo by 공란식

일손

내가 소작하는 고추밭
광야처럼 넓은 밭에 고추, 가지, 고구마, 옥수수, 오이
쳐다보니 한숨 나오네.
상업에 종사하시던 부모님 덕분에
농사하곤 전혀 무관하게 자랐기에
시집간 날부터 신비스런 체험을 하였다.
공동 모내기, 논두렁 풀베기, 타작 등
남자 몫을 할 만큼 익숙해졌지만
이십 년 넘게 직장생활 했더니
건달처럼 농사를 소홀히 하였는데
남편이 병중이니 이제 내 몫이다.
부지런한 남편 덕에
편한 내 손이 일손으로 변해야 하는데
이 넓은 밭 어찌할꼬!

Photo by 공란식

흘린 땀의 값어치

한국 노총 오산지부 위원장 이 · 취임식 날에 우연히 참석하게 되었다.

근로자로 25년을 근속했지만 열악한 사업장에서 근무하다 보니 노동조합을 갖추지 못하였고 회사 대표가 적극적인 만류와 제재로 구성되지 못했다.

임금 인상도 윗선의 일방적인 책정, 후생복지 제로, 아이들과의 넉넉한 씀씀이를 위해 뛰어든 근로 현장 처우 개선도 없이 임금도 제대로 받지 못한 상황에서 대표는 변칙적으로 도산 신청을 해서 그에 따른 협력업체와 근로자들의 임금까지 무산을 시켰다.

정당한 대우 속에 자신이 흘린 땀의 값어치를 보상받을 수 있는 노동집단도 필요하다. 쟁의보다 정당한 타협은 수천만 근로자들의 몫이 아닐까?

한밤에 기다리던 라디오 프로그램

MBC방송의 '별이 빛나는 밤에' 이종환 디스크 재키의 진행으로 주옥같은 사연과 함께 팝송을 듣느라 잠을 설치던 60년대 후반의 시간은 꿈을 꾸는 듯 행복의 시간이었다.

특유의 목소리와 입담으로 수 많은 팬의 가슴에 설렘과 행복을 주었으리라.

라디오도 티비도 지금처럼 흔하지 않던 시대 속 유일하게 듣게 되는 이종환이 진행하며 들려주던 음악은 지금까지 기억하며 그리워하는 추억이 되었다.

수십 년 라디오 프로의 진행자로 청취자들을 웃고 울리게 하던 그도 폐암으로 지난달 유명을 달리했다는 비보를 접했다.

칠십 년 인생 속에 절반이 훨씬 넘는 삶에서 타인에게 귀감된 진행자로서 풋풋한 행복감을 전파한 그의 목소리가 그리워진다.

'별이 빛나는 밤에- 안녕하십니까? 이종환입니다.'

전설이 된 당신의 진행을 기억하며 애처로운 사연을 띄우고 싶은 그때의 청취자입니다.

천상에서도 들려주시는 건가요?

동행하며 함께 살아온 남편과의 이별연습을 준비해야 하는 60대 주부입니다. 사는 동안 행복했었다고 사연을 띄우고 노래를 신청합니다.

노래는 '마이웨이' - 기다립니다.

향숙 씨

9년 전에 친구의 소개로 만난 향숙 씨.

2박 3일, 세 여자를 데리고 여행을 시작했다. 부산 아지매인 향숙 씨는 오피러스 차를 손수 운전하며 마산에서 영천까지 구경을 시켜주었다

처음 만난 사이지만 오랜 친구처럼 쑥덕거리며 차 안이 떠나갈 정도로 수다스러웠다. 수다의 제공은 친구와 나의 이야기지만 어색했던 분위기는 무르익어 가고 그렇게 시작된 여행 코스는 북유럽, 일본, 캄보디아, 제주도 몇 해를 두고 즐겁게 여행을 즐겼다.

농사꾼인 남편의 끼니는 며칠 동안 먹을 것을 한꺼번에 해 놓고 신바람나게 나다니던 시간.

마음 놓고 편히 다녀오라는 후덕한 남편의 아량으로 며칠 동안의 행복을 맛보았던 시간이었는데, 병중에서 신음하는 남편을 보니 죄스럽고 미안하게 느껴진다.

농사밖에는 전혀 눈 돌리지 않을 만큼 부부가 여행 한 번 떠나지 못한 아쉬움이 더욱 안타깝다.

이삼 년 후 더 늙기 전에 크루즈 세계 여행 다녀오겠다는 내 욕심도 승낙했던 사람. 자신은 어디에도 가고 싶지 않고 아무 미련도 후회도 없다며 조용히 떠나고 싶다는 사람. 이제 가면 다시는 오지 못할 우주 공간의 세상이 어찌 미련이 없을까?

마산의 어느 산기슭 자락에서 캐온 영산홍이 십여 년 가까이 우리 집에 기거하는 시간에 마누라의 역마살 끼를 마다치 않는 고운 심성 그리워 어찌할꼬!

가을날의 산책

주말 되어 한가해져서 시간을 비워 산책길에 나섰다. 막내가 입력해준 음악을 들으며 마치 소녀 시절 유일한 DJ 음악다방을 찾은 그때처럼…. '비틀즈, 싸이먼 카펑클, 톰 존스. 폴 앵카'를 따르던 오빠를 쫓아 그들의 음악에 심취했기에 두 아들에게 이야기도 들려주기도 했다.

나이가 들면서 대중가요를 배우고 노래할 기회를 얻은 지금도 그때처럼 설레는 마음은 같다. 혼자여서 쓸쓸한 산책길. 행여 나설 때 음악 들으시라는 막내의 자상한 배려에 즐기며 듣고 있다.

바스락거리는 나뭇잎 소리 이외엔 스마트 폰에서 나오는 음악뿐이지만, 고즈넉한 분위기도 때로는 친구처럼 곁에 둘 만하다.

한 시간여. 조금씩 줄어드는 햇살이 그리울 것 같아 가을볕에 선텐도 하면서 주말 자투리 시간을 비웠다.

여름날 입주한 아파트 단지 내의 공원을 이제 선보이는 것조차 늦장이 아닐까 하지만, 놀러 오세요. 아기자기한 이야기 나눌 수 있는 벤지도 있답니다.

어머니의 여생

잠 못 이루고 새벽을 맞이하였다.

어머니가 하루를 여는 시간.

어머니는 뒤척이는 시간으로 밤새우다 여명이 트지도 않은 새벽을 열고 식구들 위해 부엌에서 서성거리신다. 작은 체구로 열 식구가 넘는 끼니를 일찍 준비해놓고 한걸음에 시장을 한 바퀴 돌며 팔 채소를 주문해 오신다.

숱한 세월 머리에 이고 다니신 보따리 무게만 해도 몇천 근일 텐데…. 어찌 그리 순응하시며 당신의 운명이라 하셨을까?

양반의 가문이라 내세운 시집 틀 속에서 어머니의 고달픈 여생.

어린 자식들 눈에도 한없이 가여웠던 어머니의 삶이었다.

시집살이시키는 호된 성미의 할머니. 어머니 보호하려 앙살하던 자식들 사이에서 어머니는 마른 침만 삼키셨는데, 그 어머니의 삶을 그린 글이 이리도 내 운명도 바꿔 놓을 줄이야.

중학교 졸업 후 고등학교 진학하는 친구들이 부러워 야간 고등학교 다니려 했지만 그마저도 어머니 안쓰러운 모습에서 희망을 접었다.

그리고 글을 써서 방송국으로 샘터로 저축추진중앙회로 보내 채택되어 원고료를 받은 그 후부터 계속 쓰고 있다. 어머니의 여생을 볼모로 도전한 모험이 지금의 글쟁이가 된 것이다.

당신의 업보라며 부처님 앞에서 기도 하던 측은한 모습 가장 사랑하고 든든한 버팀목이었던 셋째오빠를 잃고 넋 나간 듯 애절한 통곡도 이제 어머니 따라 천상에 머무르고 있다.

언젠가는 다시 만날 윤회의 인연이 오려나. 딸이 가슴 아파 써내려간 어머니의 사연이 아닌 좋은 곳에서 행복한 웃음을 엿볼 수 있는 어머니였으면 하고 간절히 소원을 빈다.

새벽 머무는 어둠 추위와 함께했던 그때도 어머니는 하루를 어김없이 맞이하였는데 어머니가 그리운가 보다. 새벽이 열리고 있다.

안부 전합니다

오래 전 파월 장병 어느 분과 펜팔의 인연.

스무 살도 안 됐을 때 월남전에 참전한 파월 장병들의 고국을 그리는 애틋한 사연을 듣고 펜팔을 원한다는 전파를 탔었는데…. 우와! 100여 통의 편지가 집으로 배달되었다. 아버지께서 한 묶음씩 여러 뭉치의 편지를 건네주시며 한 말씀 하셨다.

"얘야! 언제 답장 써서 보내니? 그 많은 장병이 고국을 그리워하며 기다릴 텐데."

나는 일곱 살 터울의 둘째언니에게 두 뭉치의 편지를 건네주고 편지의 사연을 읽어내려 갔다. 밤새우며 읽은 편지 속에서 찾은 긴 사연의 편지 중 맹호부대 상병ㅇㅇㅇ의 정갈한 필체가 마음에 들어 답장을 쓰고 그렇게 고국의 소식을 수필처럼 사연을 써서 보내고 또 답장을 보내고 1년 넘게 주고받았다. 라디오에 신청하여 음악도 사연과 함께 보내기도 하면서 그렇게 얼마의 세월이 흘렀을까?

제대하면 고국으로 돌아온다는 편지에는 스무 살도 안 된 나에게 프러포즈와 함께 자신의 부모님에게 내 이야기를 했다고 고백한 내용도 있었다.

펜팔의 목적은 고국을 그리며 향수에 젖는 안쓰러움을 달래기 위한 위문편지였는데, 답장을 써서 보내며 장병 아저씨와 헤어져야겠다고 이별 통보를 보낸 야박함을 보이고 말았다.

서산이 고향이라던 사진을 편지 속에 넣어 정성을 보인 마음에 상처를 입힌 것 같아 지금까지 생각에 남는 추억이다.

잘생긴 외모였다. 대학 재학 중 군에 입대하여 부모님을 도울 생각으로 지원하여 이 억만리 먼 나라 정글 속에서 고국을 그리며 지내던 중 유일한 위로가 되었다던 편지가 아주 고마웠다고 했는데 결혼 이야기를 고백 받은 그때에 결별을 선언한 나였으니, 지금 생각하니 너무 죄송스럽다.

운명이 바뀌었을지도 모를 그분과의 인연. 불교에서 이르는 부부의 연이 짧아 헤어졌는지도 모르지만, 어찌 지내는지…. 고엽제 후유증으로 시달리다 떠난 오빠 친구처럼 행여 건강은 괜찮은지 안부라도 알고 싶다.

그분도 아마 칠순을 넘긴 세월인데, 손자 손녀들 재롱 속에 행복한 여생을 보내고 있으리라. 가을날 나뭇잎들의 물든 빛이 예쁘다는 소식에 뜨거운 태양 아래 잠시 휴식 중 답장을 보내며 다음 편지 속에 고운 단풍잎 동봉해주면 좋겠다던 간절한 사연….

수십 년 지난 지금 그 아릿한 추억이 되살아난다.

동화

쌍무지개 떴어요

아버지의 지게

아이는 봄이 찾아온 양지바른 곳에서 무언가를 열심히 땅에 다 그리고 있어요. 이른 봄이라 바람은 차갑게 아이를 흔들고 있어 귀밑이 발갛게 얼어 있어도 제자리에서 일어설 줄 모르네요.

아이가 무엇하는지 살짝 들여다보았어요. 작은 손으로 그림을 그리네요. 둥근 원을 그리고 얼굴 모양으로 만들고 있어요. 하나, 둘, 셋, 넷. 모두 그린 얼굴이 네 사람이군요. 아마 가족인가 봐요. 손이 시린지 입김으로 호호 불어가면서 열심히 그리고 있어요. 햇볕이 아직 아이의 머리 위에 있어 아이는 추운 것도 모르고 있는 거 같아요. 그리고 잠시 후 아이는 일어났어요.

'어머! 네댓 살 된 작은 아이였네요.'

집안은 조용하네요. 이른 봄이 시작되어 어른들은 들에 나가셨나 봐요. 아이가 서 있는 마당 끝에 누렁이가 꼬리를 흔들며 아이의 친구가 되어 있어요.

아이가 콩콩 집안으로 뛰어가네요.

'무엇을 하려는 걸까요?

누렁이도 덩달아 꼬리를 흔들며 따라가네요. 얼마를 지나 아이는 손에 새우깡 봉지를 들고 나왔어요.

'아하! 혼자 노느라 지루했었나 봐요.'

누렁이에게도 과자를 던져주곤 빙그르르 한바퀴 도네요. 둘이서 재미있게 놀고 있어요.

그때 누렁이가 언덕 아래를 내려다보며 꼬리를 흔들고 있어요. 아이는 누렁이 좇아 언덕 아래를 내려다봅니다.

누렁이와 같은 색깔의 어미 소가 아버지의 손에 들려 집을 찾아오고 있군요. 아이는 쪼르르 달려가 아버지의 다른 손을 잡고 집으로 들어섭니다. 아버지 등에는 지게가 짊어져 있어요. 봄이 되어 농사를 시작하려나 봅니다. 엄마의 머리 위엔 나물이 바구니에 담겨 있어요. 냉이, 씀바귀, 겨울을 이겨낸 파도 캐어 왔군요.

아버지는 혼자서 놀고 있던 아이를 껴안아 주며 볼을 비벼주네요. 지게 위에서 아이의 간식으로 칡을 캐온 아버지는 아이의 손에 칡을 얹어주며 먹으라 하고 아이는 맛있게 씹어 먹으며 좋아합니다.

그림 같은 풍경을 보며 작은 행복을 느껴요. 아이를 위해서라도 따뜻한 바람을 선물하고 싶어요. 내일 또 아이를 만나기 위해 자리를 떠나고 있어요.

안녕! 내일 다시 만나?

봄나들이 가네요

지천으로 핀 꽃들이 아름다운 풍경을 보여 주는 산골에 여기저기서 농부들의 논갈이 하는 발걸음이 바삐 움직이고 있어요.

아이도 쟁기를 짊어지고 누렁이를 앞세운 아버지를 따라 들에 갈 채비를 하고 있네요. 아이와 아가를 업은 엄마, 강아지도 나서고 있습니다. 식구들이 총출동하고 있어요.

사립문을 살짝 닫아 놓고 마을 어귀를 벗어나 산모퉁이를 돌아서 밭으로 향하고 있습니다.

'동구 밖 과수원 길~'

아이가 노래를 부르네요.

노란 개나리와 진달래, 벚꽃이 어우러진 산등성이에 산비둘기도 장단을 맞추며 노래를 하고 있네요. 엄마는 진달래를 꺾어 아가에게 건네주었어요. 아이는 잘 걷지만, 산등성이 너머 울퉁불퉁한 좁은 논두렁길에서는 엄마가 안고 갔어요.

강아지는 누렁이 새낀데요 겨울 동안 자라서 제법 쫓아서 다니고 있어요. 어미인 누렁이는 교통사고로 지난해 겨울에 죽고 말았지요. 양지바른 곳에 묻어주었어요. 아버지와 아이의 곁에는 이제 강아지인 새끼가 대신 함께 뛰어노네요.

아이와 강아지는 처음 보는 풍경에 신기한지 비둘기를 쫓아서 산으로 뛰어다니며 즐거워하네요. 쟁기를 소에 매어 아버지가 밭을 가는 동안 엄마는 아가를 내려놓고 봄나물을 뜯고 있어요.

냉이, 쑥, 달래가 파릇하게 싹을 틔워 제법 자라 있네요. 바구니에 채워지는 봄 향기가 너무 향기롭네요. 아주 예쁜 산골의 풍경입니다. 봄나들이 나온 식구들은 아주 행복해요. 가끔씩 작은 바람이 땀을 식혀 주듯 불어오고 있어요. 오늘 저녁 식탁은 정말 맛이 있겠죠.

두 손을 흔들며 즐거워하는 아이들, 쌀짝 구름이 햇살을 가리네요. 쟁기로 갈아엎은 밭이랑을 근사하네요. 아버지는 그곳에 씨앗뿌리네요. 강낭콩, 감자, 옥수수 등. 성큼 자라면 다시 찾아와야겠습니다.

구름이 바람에 실려가네요. 두둥실~.

와! 여름이다

오늘은 정말 햇살이 뜨겁게 비치고 있어요. 누렁이도 그늘에서 혀를 내밀고 숨을 헐떡거리며 더위를 타고 있습니다.

문을 살짝 열고 안을 들여다보았어요.

커다란 고무통에 물을 받아놓고 두 아이가 즐겁게 물놀이하고 있네요. 시골에 사는 아이들은 이렇게 물놀이하는가 봐요. 물총에다 물을 담아 서로 쏘고 있어요. 그래도 신이 났는지 아가는 형을 따라 하면서 좋아 웃고 있네요.

아이의 부모님은 오늘도 아이들 노는 것을 바라보며 웃고 앉아 있네요. 더위를 피하느라 들에 따온 참외와 수박을 들고 나와 아이들을 부르네요. 물놀이하던 아이들이 벗은 채로 달려가네요.

'에구 저런!'

이 또한 시골에서나 볼 수 있는 귀여운 풍경이 아닐까요. 피서를 마당에서 할 수 있다니 부러워요.

한참을 그늘에서 쉬고 있던 누렁이 녀석이 네 식구가 앉아 있는 봉당으로 걸어오네요. 아이들은 던져주는 수박을 잘 받아먹네요.

누구든 이 여름날엔 시원한 과일이 달콤하겠지요. 나도 한 입 먹고 싶지만, 그냥 갈게요. 오늘도 아주 예쁜 모습에서 행복을 잔뜩 담았으니까요.

자전거를 타고

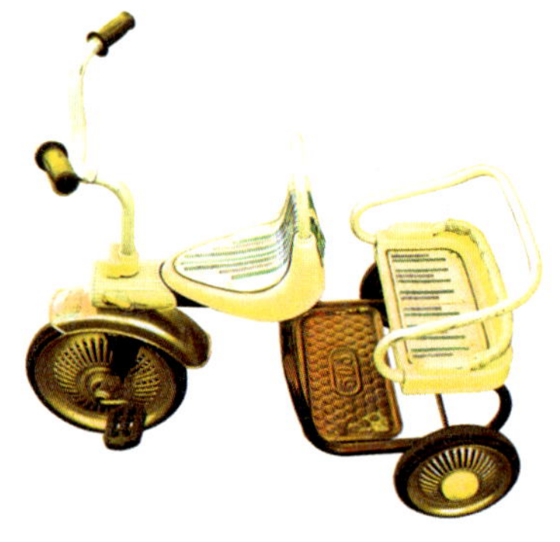

꽃이 마당 끝 언저리에 활짝 핀 따뜻한 오후 아이네 집에 누군가가 찾아왔어요. 아이들이 부르는 소리. 그런데 손님은 자동차 트렁크를 열더니 세발자전거를 꺼내네요.

노오란 예쁜 색깔의 새 자전거군요. 손님은 껑충거리며 뛰어 나오는 아이를 안아주며 자전거를 보여주네요.

아이는 자전거를 만지며 폴짝 뛰며 좋아하네요. 아이의 부모님들도 손님에게 뭐라고 인사를 건네며 손을 흔들어주네요.

아이는 엄마가 품에 안겨있던 아가를 뒷자리에 태우고 마당을 한바퀴 돌고 있네요. 누렁이도 함께 자전거 꽁무니를 쫓아 덩달아 좋아하네요.

손님은 아이의 삼촌이래요. 멀리서 직장을 다니는 삼촌은 아이의 아버지에게서 이웃집 아이의 자전거를 부러워한다는 소식을 듣고 자전거를 사왔데요. 아이는 손잡이 달린 벨을 '빵빵' 누르며 신 나게 자전거를 타고 있네요.

삼촌은 아이들을 위하여 또 다른 선물도 사왔어요. 멜빵이 달린 바지와 빨간빛의 티셔츠군요. 아가와 둘이서 재미있게 노는 것을 본 아이의 삼촌은 빙그레 웃으면서 머리를 쓰다듬어 주네요.

얼마 지나 삼촌은 자동차를 타고 가려나 봐요. 아이의 아버지와 무언가 이야기를 나눈 뒤에 마을 어귀를 벗어나고 있네요.

마당을 한참 돌고 난 아이의 이마엔 땀이 흐르고 있군요. 봄볕이 아가와 아이에게 따뜻한 햇볕을 안겨 주고 있군요.

아이의 부모님은 아이들을 데리고 집안으로 들어가 버리네요. 누렁이도 한바퀴 핑그르르 맴돌더니 담 밑에 앉아 있어요.

오늘도 아이의 신 나게 노는 모습을 보았으니 떠나야겠네요. 봄이 무르익는 기분 좋은 오후. 바람 타고 가야겠어요. 향긋한 꽃내음이 잔뜩 묻었네요.

나들이

아이의 식구들이 나들이 가는가 봐요. 누렁이가 꼬리를 흔들며 배웅을 하는지 사립문 밖으로 나와 내다보고 있네요.

조금은 더위가 가신 듯 바람이 시원하네요. 여름이 지나가고 있나 봐요. 엄마는 아기를 업고 아이는 아버지 손을 잡고 깡충거리며 마을 어귀로 나가네요.

들에는 벌써 벼가 튼실하게 자라 가을걷이를 기다리며 누렇게 익고 있네요.

작은 마을이라서 드물게 버스가 다니고 있어요. 어디로 가는지 서너 명의 마을 사람들도 버스를 기다리며 이야기를 나누고 있네요. 아이가 꾸벅 인사하네요. 어른들은 아이의 머리를 쓰다듬어 주네요.

버스가 도착했어요. 나도 아이를 좇아 버스에 오르고 있어요. 차비를 내는 사람들. 잔돈을 거슬러 주는 기사 아저씨. 다행히 버스 안에는 자리가 있네요.

아이는 차창 밖을 내다보네요. 구불거리는 길을 따라 버스가 시원하게 달리고 있어요. 아이가 사는 마을을 지나 낯선 마을로 들 어서네요. 한참을 정차한 버스엔 또 다른 사람들이 오르기 시작하네요.

얼마를 수다스럽게 달리던 버스는 읍내에 도착했어요. 아이의 가족들도 내렸어요.

아버지와 엄마를 따라 걸어가는 아이는 길옆에 진열된 가게 안의 모습에 한눈을 팔고 있네요. 아이에겐 낯선 풍경들이지요. 장난감, 옷을 파는 가게를 지나 빵집으로 들어가네요.

많은 빵이 먹음직스럽게 진열되어 있어 그런지 아이는 선뜻 빵을 고르지 못하네요. 아버지는 단팥이 든 빵을 사고 있어요. 아이는 함박웃음을 지으며 좋아하네요.

다른 골목을 들어서네요. '대중목욕탕' 간판이 보여요. 조금 더 골목을 돌아 어느 집 앞에서 멈추네요.

문을 열고 나오는 여자는 아이의 고모라네요. 아버지의 누나지요. 아이를 데리고 들어선 고모는 아버지와 몇 마디 이야기를 나누고는 아가도 안아보네요. 농사철이 돌아와 아이를 잠시 고모 집에 맡겨 놓기로 한 것이라네요. 아가와 아이는 시골을 떠나 며칠을 읍내에서 생활하게 되었어요. 아가가 잠든 틈을 타서 아버지와 엄마는 아이의 볼을 쓰다듬어 주고는 고모 집을 나갔어요.

한동안 아이들의 웃음소리가 없을 집을 생각하니 엄마의 눈시울은 붉어지네요.

가을을 보내고 아이들이 돌아올 마당엔 어제보다 영근 바람이 아이들 대신 맴돌고 있어요. 나도 덩달아 아이처럼 춤추고 있고요.

기차를 보다

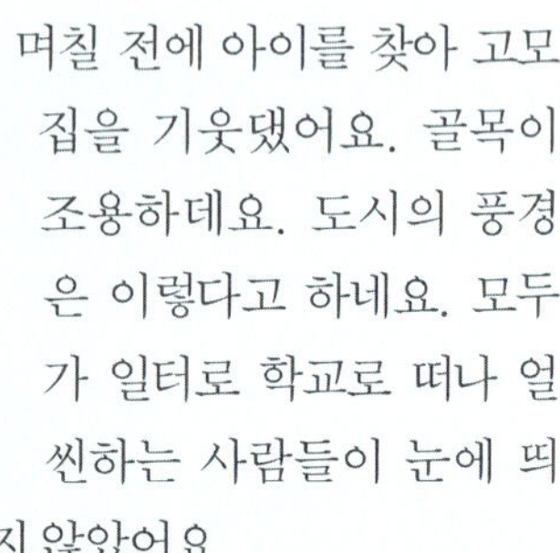

며칠 전에 아이를 찾아 고모 집을 기웃댔어요. 골목이 조용하데요. 도시의 풍경은 이렇다고 하네요. 모두가 일터로 학교로 떠나 얼씬하는 사람들이 눈에 띄지 않았어요.

고모네 집을 기웃대어 보았어요. 아이가 마당에서 서성이네요. 그런데 울고 있네요. 눈시울이 붉어 있어요. 아마도 시골에 있는 아버지와 엄마를 그리고 있나 봐요.

얼마 지나지 않아 고모가 아기를 업고 작은 가방을 들고 아이를 손을 잡고 대문을 나서네요.

'어디를 가는 걸까요?

아이는 고모의 손을 잡고 골목을 돌아가네요.

"기차 보여줄게!"

아이는 기차라는 말에 고모를 쳐다보네요.

"기차가 뭐야?"

궁금했던가 봐요.

고모는 큰길로 나와 한참을 또 걸어가네요. 아이가 울면서 집을 그리워하는 게 마음이 아팠던가 봐요.

아이는 길게 두 줄로 늘어선 이상한 풍경을 보고 고모에게 물어보네요.

고모가 기차가 달리는 길이라고 대답하네요.

자갈이 깔린 나무받침대 위에 끝없이 이어진 철길이 신기한 듯 아이는 눈을 떼지 못하고 있네요.

고모는 기차가 지나가는 시간을 알기에 아이에게 보여주고 싶었던 거예요.

그때 멀리서 삐-익 굉음을 내며 달려오는 물체가 있었어요. 고모는 멀찍이 서서 아이를 데리고 기차를 바라보았어요.

아주 큰 덩치의 모습이네요. 아이는 놀라서 고모에게 매달리고 있어요.

우와!

아이가 손을 흔드네요. 기차가 답례하는지 한 번 더 소리를 지르고 저만치 떠나고 있어요.

아이의 미소가 보이네요. 처음 보는 기차가 신기했나 봐요.

날씨가 너무 맑고 예뻐요. 코스모스도 춤을 추네요. 아이도 오늘은 코스모스를 닮고 있어요.

고모도 아이처럼 코스모스를 따라 춤을 추네요. 덩달아 즐거운 모습에 나도 행복했어요.

미끄럼 타는 풍경

가을이 끝나고 조용한 산골 마을에 눈이 내렸어요. 작은 사립문 위에 꽃처럼 앙증맞은 눈꽃이 피었네요. 바람이 살랑이며 사립문을 흔들고 있어요. 하얀 송이가 춤을 추듯 떨어지네요.

아이들은 무엇을 할까요? 겨울이라 방안에서 엄마의 동화를 듣고 있나? 엄마는 아이들에게 재밌는 얘기를 들려주곤 했었으니까요.

기웃대었어요. 오늘은 누렁이도 기척이 없군요. 아버지도 마실을 가셨는지 보이지 않네요. 어디선가 지껄이는 소리가 들려요.

눈이 녹지 않은 언덕배기에 아이들이 놀고 있네요. 비료 포대를 가지고 미끄럼놀이를 하고 있어요. 농사를 끝낸 빈 포대는 이럴 때 아이들의 놀이기구가 되는군요.

두 손으로 포대를 잡고 언덕 아래를 향해 두 발을 치켜들고 미끄럼을 타고 있어요.

아이네 세 식구도 함께 즐기고 있네요. 아버지는 아이와 아기를 포대에 앉혀놓고 언덕 아래로 밀어주네요.

엉덩이가 하얀 눈에 닿았지만, 신이 난 아이들은 지칠 줄 모르네요. 언덕을 올라와서 또다시 미끄럼을 타네요. 볼이 발갛게 된 아기를 형이 볼을 감싸주며 다독거려주네요.

아버지는 아이들에게 오늘은 그만하자고 하며 아가를 안고 집으로 가시네요.

아이는 꿈을 꾸었죠. 먼 훗날 어른이 되어서 엄마처럼 동화로 들려줄 작은 산골의 기억을 잊지 않기 위해서.

나에게도 아름다운 풍경이지요? 짧은 햇살이 기웃대는 산골에 벌써 저녁 안개가 서성거리고 있어요.

꽃이 피었어요

며칠 지나 아이를 만나려 집안을 들여다보았어요.

봄볕이 포근해졌어요. 울타리 안을 들여다보니 조용하네요. 모두 들에 간 것일까요? 누렁이도 보이지 않아요.

마당 끝에 감나무 잎이 조금 도드라져 연두색으로 인사하네요. 누렁이 닮은 어미 소는 되새김질하느라 연실 입을 우물거리고요.

아이가 바깥마당에 그렸던 동그라미는 아직도 지워지지 않았네요. 아이 말고 누가 또 있나 봅니다. 아직 보지 못했으니 궁금하네요.

겨울보다 해가 길어서인지 오후 시간이지만 아직도 머리 위에 있어요. 제법 따뜻한 느낌이군요. 한동안 나는 그렇게 아이를 기다렸지요.

지루하군요. 아이도 부모님이 모두 들에 나간 후엔 이렇게 혼자서 지루했었지요.

언덕 위로 누렁이가 보이네요. 기다렸던 아이도 보이고요. 엄마와 아버지도 무언가를 들고 올라오고 있군요. 엄마 등 뒤엔 작은 아가도 있어요.

아이의 동생인가 봅니다. 저번에는 왜 안 보였을까?

아마도 자는 틈에 아이가 혼자 마당에 나와 놀았나 봐요.

오늘은 장날이라네요. 십여 리나 떨어진 시내까지 버스를 타고 시장 구경하고 오는가 봐요. 아이는 누렁이에게 새 신발을 자랑하네요. 하얀색의 운동화를 신고 깡충거리며 신이 났네요.

모처럼의 일손을 놓고 네 식구의 나들이. 정말 즐거웠나 봐요. 아가를 껴안은 아이의 미소가 아주 예쁜 풍경이네요. 이제 네 식구의 알콩달콩한 시간을 볼 수 있겠지요.

기다리느라 다리가 아프네요. 다음에 아이와 아가를 만나러 올까 해요. 누렁이가 배웅하는지 대문 밖을 쳐다봅니다. 누렁아 안녕!

쌍무지개 떴어요

오늘은 달구지에 두 아이를 태우고 아버지 엄마와 함께 들로 나갈 채비를 하고 있어요. 더운 시간을 피하려고 이른 아침이지만 서둘러 집을 나서는가 봐요.

누렁이도 꼬리를 흔들며 달구지를 쫓아 졸랑졸랑 따라가네요.

돌 지난 아가를 안고 형은 덜컹거리는 달구지 타고 있어요. 아침 해가 붉은 모습으로 뜨고 있네요. 이른 아침 햇살이 먼저 나와 아이들을 반겨주고 있네요.

마을 어귀를 벗어나 작은 실개천 다리를 건너 구불거리는 산길을 누렁이가 혀를 내밀며 부지런히 쫓아오네요.

'누렁아 조금만 더 가면 돼'

형아는 안쓰러운지 두 손을 흔들며 누렁이를 응원하네요.

엄마는 또 '동구 밖 과수원 길~' 노래를 하시네요.

하얀 꽃잎이 다 떨어진 과수원엔 작은 열매들이 조랑조랑 매달려있어요.

얼마 지나자 아버지는 수레를 멈추었어요. 산 밑에 작은 밭이랑이 있네요.

오늘은 두 아이를 곁에 두고 아버지와 엄마가 파 모종을 하려고 해요.

"가늘고 작은 파를 캐어 이랑을 만들어 다시 심으면 가을엔 큰 파로 자란단다."

아이에게 이야기하는 아버지는 나무 그늘에 두 아이가 쉴 수 있도록 자리를 마련하고 일을 시작하시네요.

아가를 위해 형아가 들꽃을 꺾어왔어요.

누렁이도 곁에서 쉬고 있군요. 얼마가 지나서일까 갑자기 하늘이 어두워지더니 빗방울이 내리기 시작하네요.

아버지와 엄마의 파모종은 아직도 끝나지 않았어요.

조금씩 쏟아지던 비는 더 많이 내리고 있어요. 아가와 형은 나무 밑에서 비를 피하지만 누렁이와 어미 소는 비를 맞으며 있어요.

아버지와 엄마도 아이들과 함께 비를 피하고 있지만 비는 그치지 않고 내렸어요.

여름이라서 비가 내리니 더위가 가시었네요. 아이들을 엄마는 꼭 안아주고 있네요. 얼마 동안 내리던 비가 멈추었어요. 햇살도 구름 사이로 고개를 내미네요. 아이들도 하늘을 쳐다보고 있어요.

그때,

"얘들아! 쌍무지개 떴다."

아버지는 하늘을 가로질러 둥근 모습으로 떠 있는 무지개를 가리키고 있어요. 정말 고운 빛깔의 무지개가 하늘에 떠 있었어요.

비가 내린 뒤에 하늘이 주는 선물이래요. 아이들과 고운 무지개를 본 오늘은 행운의 날이에요. 젖은 털을 터느라 누렁이는 몸을 흔들고 있어요. 아가도 무지개를 보며 신이 났는지 손뼉을 치며 웃고 있네요.

비가 그치고 갠 하늘이 너무 맑고 아름다워요.

부지런히 일하시는 아버지와 엄마의 머리 위에 바람이 지나가네요. 더위를 식혀주려는가 봐요.

아이가 아가를 위해 꽃반지를 만들고 있어요. 예쁜 풍경을 보았으니 다음에 또 와야겠지요. 누렁이가 꼬리로 배웅하네요.

조 각 가
임 재 석
sculptor James Lim

조각가 임재석

· 새들의 거처-고일영(문화기획자)
· 육준한 무게감과 가벼움의 공존-목홍균(큐레이터)

새들의 거처

주말에는 특별한 스케줄이 없으면 나는 미술관을 찾는다. 사람마다 선호하는 곳에서 마음의 안식을 찾는 곳, 토포필리어(Topophilia)가 있다면 나는 단연코 미술관을 으뜸으로 꼽는 것을 주저하지 않는다.

집으로 배달된 미술 전시회 안내 책자를 통해 찾아갈 미술관을 고르는 게 대부분이지만 때로는 지도를 활짝 펼쳐 놓고 펜으로 표시해가며 새로운 곳을 물색할 때도 적지 않다. 특히 가족 동반일 때 주된 관심 사항은 '야외 조각' 이 잘되어 있느냐 하는 것이다.

아이들과 강화도에 가던 길에 만난 김포조각공원은 우리 가족이 함께 능선을 오르락내리락하며 보물찾기하듯 찾아냈었다. 그리고 학교에 현장학습신청을 하고 딸과 둘이서 떠났을 때 서울 포스코, 아셈 등에서 본 야외에 설치된 작품 관람은 시간이 지나도 잊히지 않는다. 그뿐이랴. 아내의 힐링플레이스인 신세계백화점 옥상에서 수백억 원의 조각을 보며 커피를 마시던 시간도, 찌는 듯 더웠던 지난여름 가족과 평창동 김종영(조각) 미술관에서의 한나절도 모두 조각 작품이 가져다준 행복이다.

그렇게 조각 작품 앞에 서 있으며 아름다운 추억도 많이 쌓았는데 더욱 신 나는 일은 내 주위에 조각가 임재석이 있기 때문이다.

임재석의 작품에는 늘 '새' 가 내려앉아 편히 쉬고 있는 새를 조형 언어로 나타내고 있다. 재료를 돌이나 브론즈를 사용하면서도 강한 색채로 표현하고 있는 것은 만족할 만하다는 증거이다. '새' 는 현실적 안정과 따스함을 정적인 형태로 주제를 담아냄으로써 오히려 폭넓은 지평을 열어가고자 하는 더 큰 열망의 세계가 있음을 엿보여주고 있다.

임재석의 작품은 유래 깊은 전통문화나 미래비전에서 따오는 여타 작가와는 달리 소집단인 가족의 범위에서 자신을 '새' 라는 매개물로 표현되고 있다. 즉 새를 통해서 서로 소통하고자 하는 것과 맥을 같이 한다. 이는 장점이면서 단점이라고 할 수 있지만, 다양한 변화를 모색하는 과정이 아니라 균형과 조화의 정점에 다다르고 있다는 점에서는 다행스러운 일이다.

가족은 많은 예술가가 주 대상으로 삼는 소재이다. 이미 부모는 과거이고 작가는 그 과거를 추억하는 현재이다. 하지만 관람객은 그곳에서 놓치지 않고 미래를 알아챈다. 중학교 교과서에도 등장하는 기형도의 '엄마 걱정' 이란 시를 보라. 시대가 변할수록 누구나 곤고한 삶을 살았다고 술회하고 있다.

열무 삼십 단을 이고
시장에 간 우리 엄마
안 오시네, 해는 시든 지 오래
나는 찬밥처럼 방에 담겨
아무리 천천히 숙제를 해도
엄마 안 오시네, 배추잎 같은 발소리 타박타박

-기형도 〈엄마 걱정〉 일부

작품은 부모님의 지난한 생활로 무탈한 삶을 살게 된 은혜에 보답하고자 하는 징표이고 또 일정 부분 짐을 지고 있다는 것과 무관하지 않다.

이 작품에서 화강암의 딱딱한 질감이 따뜻한 가족애로 부드러운 살결과 체온까지 물씬 느끼게 한다. 어머니의 어깨 위로 내려앉는 새와 온 식구를 보듬고 있는 아버지 그리고 새가 바라보는 먼 하늘을 바라보는 아들의 시선이 평화롭게 보인다. 이게 부모님 덕 아니고 무엇이란 말인가?

내가 거친 손길로 매만져 주기 전에는
그는 다만 하나의 돌덩어리에 지나지 않았다.
내가 그에게 사랑을 불어넣을 때 그들은 나에게로 와서 가족이 되었다.

-김춘수 〈꽃〉 패러디

그의 작품의 주제는 일상의 생활에서 느끼는 '희로애락'의 감정을 하는 삶의 지평 속 소소한 인간상으로 변모되어 나타난다. 인간을 사회, 역사적 전개 속에서 성찰했던 통시적(通時的) 담론으로부터 그것을 작가 주변의 자연, 환경과의 상관성 속에서 살피고 있는 공시적(共時的) 담론으로 이동하고 있는 듯이 보인다. 즉 종적 사유로부터 횡적 사유로 이동해오는 중이다. 사회적 대립과 갈등, 지배계급의 착취와 민중의 저항, 도도한 역사의 물결 등을 형상화해온 그간의 거시적 이야기 전개(master narrative)에서 드러내던 '묵직한 어둠'이 이제는 작가 개인의 의식의 한 단면으로 스며드는 미시적 이야기 전개(micro narrative)로 나타나면서 그 무게감을 덜어내고 있는 것이다.

높이 비상해야 멀리 볼 수 있다.

그래서 저 푸른 하늘을 높이 멀리 날아가고 간다.

작게 보는 만큼 작게 생각하고 목표 또한 작으리라는

충고, 전혀 모르는 바 아니지만

애처로운 당신의 눈앞에 앉아 어미의 눈에 비친

세상에 하나밖에 없는 소중한 사람이 된다.

어머니에게는 내가 내게는 내 자식들이

당연히 우리 아이들에게는 자기 엄마가

세상에 가장 소중하고 아름다운 사람들이다.

조각에서의 공간(space)은 작품 안팎에서 늘 존재한다. 물리적인 사이나 빈틈만이 아니라 그곳은 작가의 상상력과 삶이 공존하는 영역이다. 특히 조각은 넓은 공간을 소유하고 있다. 그림처럼 액자의 틀에 갇힌 것이 아니라 내와 외부를 꿰는 어찌 보면 넓고 어찌 보면 좁은 문이다. 공간은 작가에게는 집이고 가족이고 또 미래이다. 물리적인 공간이 아니라, 소통하고 화해하고 행복을 나누는 곳이기도 하다.

굳이 시적인 표현을 빌리지 않더라도 '높이 비상해야 멀리 볼 수 있다.' 는 것은 진리이며 정의이다. 가족은 잠시라도 떨어져 있으면 안 된다. 그야말로 '뭉치면 살고 흩어지면 죽는다.' 라는 것이 바로 가족이다. 가족이 확산하면 이웃이 되고 그 이웃과 이웃이 모여 사회를 이루고 사회는 곧 국가이며 민족이다.

잘 알다시피 현대에 와서 조각은 야외설치로 옮겨져 생활 속에서 자리 잡는다. 이제 조각은 예술에 머물지 않고 현실로 돌아온 것이다. 무릇 예술이라면 당연히 그래야 한다는 것을 에서 입증하고 있다.

임재석의 작품들은 주로 원과 새와 받침대가 결합한 형태다. 정교할 정도로 다듬은 작품들은 조각이라기보다는 때론 보석 장식품 같기도 하다. 코스모스다. (질서와 조화를 지니고 있는 세계) 굳이 작품에서 이미지를 찾으려는 노력이 불필요하다. 작품 앞에 서면 저절로 시를 읊조리게 된다. 이제 그는 표현이 아니라 이미지로 상상력을 확장하는 시인의 영역까지 개척하고 있다. 글로 시를 쓰는 것이 아니라 돌로 쇳덩이로 이처럼 아름다운 서정을 표현한다는 것은 쉽지 않은 일이다.

이러한 점에서 이번에 모친 공란식 수필가의 작품집에 가족의 일원으로 함께하는 것은 당연한 귀결이다. 모친도 수필가지만 시처럼 갈고 다듬은 문장을 선보이고 있지 아니한가?

어릴 적 시골에서 살면서 밤하늘을 올려다보며 순수한 소원을 빌고 언젠가는 달님이 그 바람을 들어줄 거라 믿는다.

작품 〈월광(moonlight)〉은 차가운 스테인리스 스틸에 강렬한 원색의 달을 조형적 언어로 재해석했다. 전체적으로 원이나 구의 형태이지만 보는 각도에 따라 날카로운 초승달과 부드럽고 온화한 보름달의 느낌까지도 느낄 수 있다. 달빛을 받으며 고요히 잠든 듯한 '새' 형상이 고요함과 정적을 한층 고조시키고 있다.

임재석의 작품은 늘 꿈속에 있다. 그 꿈은 가정이며 핏줄이며 곧 우리다. 그래서 그의 작품을 보면 안정되고 사랑이 샘솟고 기쁨이 넘쳐흐른다. 한줄기 월광이 우리 가슴속으로 파고든다.

조각은 겉으로 보이는 것만을 보여주는 것이 아니다. 겉으로 보이는 것이 어떻게 새로운 예술적 방식으로 표현할 것인가에 고뇌하고 진지하게 생각해야 한다. 일상에서 얻은 영감을 예술의 영역으로 불러들여 환기하는 미적 감각은 하루 이틀에 이루어지지 않는다.

위의 두 작품은 앞에서의 날 이미지의 맥을 이어가고 있다. 원을 분해하고 조립하는 반복 과정 끝에 얻은 도형 이미지가 다시 최대한 단순화되면서 문자로 형상화되어 지구본처럼 돌고 있는 느낌이다. 이처럼 이미지를 재해석하는 작업은 임재석이 지금까지 꾸준히 올려놓은 새의 이미지와 일맥상통한다.

다음의 두 작품을 보면 쉽게 이해할 수 있다.

'새'는 공중을 비상 중일 때 가장 아름다운 모습으로 비친다. 물질문명과 과학이 발달하면서 비행기, 우주선 등이 공중을 날고 있으나 새처럼 아름답지는 못하다. 그래서 시인들도 새는 자주 작품에 끌어들이는 소재가 되고 있다.

앞에서 말했듯이 '높이 비상해야 멀리 볼 수' 있다. 임재석의 작품에서의 새는 늘 앉아있는 형상이다. 높이 날고 난 후 쉬는 것인지 아니면 날기 위해 준비하는 것인지는 알 수 없다. 그러나 그의 모친 공란식 수필가의 작품 〈인생〉에 이런 구절이 있다.

살아 있기보다 더 힘든 것은 고통을 맛보는 것

그 고통을 참는 이 곁에서 그냥 바라만 보아야 하는 무심함이 더 괴롭습니다.

혼자만의 사투를 벌이는 고독함이
어쩌면 우리의 삶이 아닐까 합니다.
덧없이 스러지는 허무, 우린 그 허무를 위해
시간을 소비하는 우주 속 가엷은 존재일 뿐.
더 이상의 무엇과도 바꿀 수 없는 것은 나를 위한 동행은 지금뿐입니다.

Photo by 공란식

그렇다. 우리는 '우주 속 가엾은 존재일 뿐' 이다.

임재석의 작품세계는 잘 다듬어진 도형(圖形)으로 명료하고 함축적이며 서정적이다.

눈에 보이는 세상 이야기만 해도 엄청나다. 모두가 작품의 소재가 되기에 부족함이 없다. 어떻게 그것을 가져와 쓰느냐 가 문제일 뿐이다.

임재석 예술의 스펙트럼은 엄청나게 크다. 한때는 내게 두세 시간 동안 쉬지 않고 도어즈의 짐 모리슨 팝 뮤지션(pop musician)에 대해 썰을 좔좔 풀기도 하고, 부-르-르-릉 자동차 굉음에 쏙 빠져 있었던 시절을 회상하기도 한다. 그뿐이랴. 요즘은 산악자전거를 배경으로 셀카질이다.

앞으로는 이런 더 정열적인 활동이 작품에 잘 녹아내리기를 바라며 또한 조각사에 빛날 걸작이 잉태되기를 기대한다.

-고일영 (문화기획자)

Photo by 임재석

육중한 무게감과 가벼움의 공존

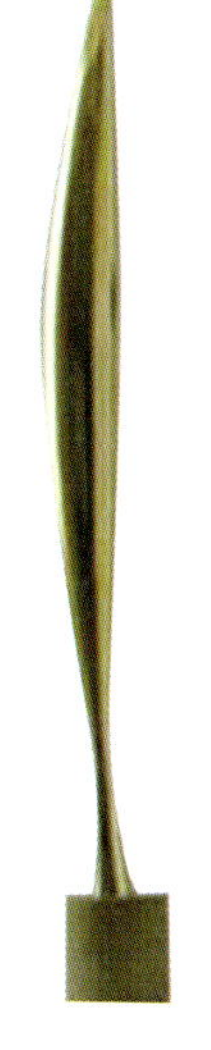

공간 속의 새(Bird in Space)라는 작품이 있다. 루마니아 태생의 조각가 브랑쿠지Brancusi(1876~1957)의 작품이다. 너무 추상적이어서 산업부품으로 오인을 받았던 에피소드가 유명하다. 프랑스에서 미국으로 작품이 옮겨지는데, 작가는 그의 작품 〈공간 속의 새〉를 '작품'으로 신고한다. 당연한 일이다. 그러나 미국세관은 브랑쿠지의 〈공간 속의 새〉를 '부엌용품 및 의료기기'로 분류한다. 세관원이 보기에 그의 작품은 매끈하게 잘 다듬어진 청동 덩어리처럼 보였던 것이다. 결국 산업부품을 몰래 들여온 혐의를 받아 고발당하는 수모를 겪게 된다. 후에 엄청난 소송비용을 지불한 후 재판에서 이기게 된다. 그가 현대조각의 아버지라 불린 이유는 바로 미술작품을 산업부품으로 보이게 할 정도로 재현의 전통을 포기한 데 있다. 그의 작품은 바라보는 이에 따라 다르게 감상된다. 그에게 함께 일하자는 제안을 한 오귀스트 로댕의 작품도 그 대상이 무엇인지, 무엇을 의미하는지 명확하게 다가온다. 하지만 브랑쿠지의 조각은 구체적인 형상을 제시하지 않는다. "아무리 복잡한 사물도 참뜻에 다가가 보면 의뢰로 간소하더라"라고 말한 그는 조각을 통해 사유 할 것을 권한다. 추상조각의 세계를 연 것이다.

임재석 역시 그 선상에 있다. 하지만 프로펠러 날개처럼 날렵한 브랑쿠지의 "공간 속의 새" 와는 대조적이다. 육중한 무게감과 가벼움이 공존한다. 전통한옥 지붕의 기와에서 느껴지는 가벼움이 있다. 우리나라의 전통한옥 기와에는 싸이클로이드 곡률이라는 것이 있다. 장마가 심할 때 물이 빨리 빠지게 하기 위한 기와의 기울기를 말한다. 독수리가 먹이를 사냥할 때 가장 빠르게 가기 위해 직선이 아닌 곡선으로 낙하해서 먹이를 빠르게 낚아채는데 이때의 기울기 역시 전통 한옥 기와의 기울기와 같다. 브랑쿠지의 작품 속에 루마니아 전통 가옥의 기둥이 숨어 있다면 임재석의 새에는 우리 한옥 기와의 곡선이 있다. 친절하게도 임재석은 최소한의 요소로 새의 모습을 남겨둔다. 적어도 보는 이로 하여금 산업부품으로 오해하지 않도록 말이다.

- 목홍균(큐레이터)

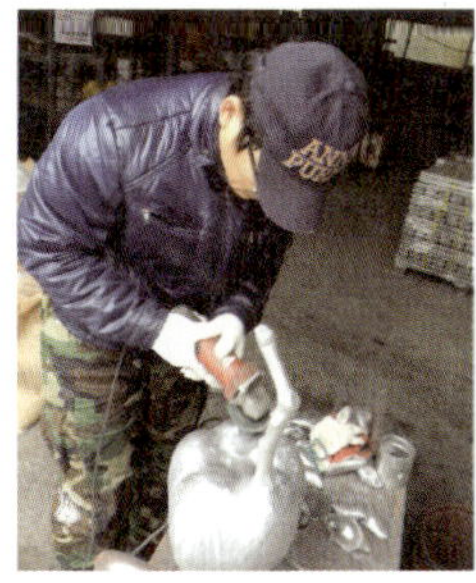

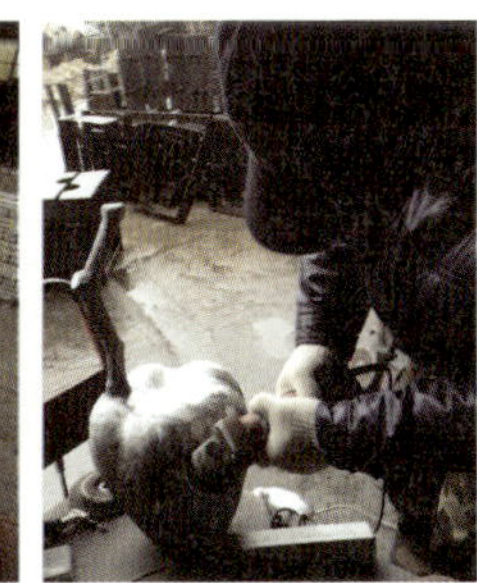